DANIEL SIEGEL

Achtsames Gewahrsein

DANIEL SIEGEL

Achtsames Gewahrsein

Ängste reduzieren & gelassener werden

Das Übungsbuch

Aus dem Englischen übersetzt von Mike Schäfer

arbor

Arbor Verlag
Freiburg im Breisgau

Die Originalausgabe erschien 2021 unter dem Titel: *Becoming Aware. A 21-Day Mindfulness Program for Reducing Anxiety and Cultivating Calm* bei TarcherPerigee, einem Imprint von Penguin Random House, USA.

Deutsche Erstausgabe
1. Auflage 2022

Illustrationen: Madeleine W. Siegel
Umschlaggestaltung und Satz: mediengenossen.de
Druck und Bindung: Eberl & Kœsel, Krugzell

Dieses Buch wurde auf 100 % Altpapier gedruckt und ist alterungsbeständig. Weitere Informationen über unser Umweltengagement finden Sie unter www.arbor-verlag.de/umwelt

www.arbor-verlag.de

ISBN 978-3-86781-385-3

Inhalt

Einleitung 7

ERSTE WOCHE
Mit dem Atem das Fundament legen 15

ZWEITE WOCHE
Das Bewusstseinsrad erforschen 61

DRITTE WOCHE
Das vollständige Bewusstseinsrad 95

Weitere Bücher von Daniel Siegel 156

Über den Autor 157

Einleitung

In diesem Übungsbuch möchte ich Sie einladen, die Architektur Ihres Geistes näher kennenzulernen. Die Achtsamkeits-Praxis, die ich entwickelt habe, heißt »Das Bewusstseinsrad«, und beim achtsamen Gewahrsein geht es, wie Sie sehen werden, um mehr, als einfach nur gewahr zu sein. Es geht auch darum, sich der verschiedenen Aspekte des Bewusstseins selbst gewahr zu werden. Ganz allgemein bedeutet Achtsamkeit, aus einem Leben aufzuwachen, in dem wir auf »Autopilot« fahren, und wach und sensibel zu werden für die Einzigartigkeit unseres alltäglichen Erlebens. Aus Automatismen herauszukommen, ermöglicht es uns, in unserem Leben und für unsere Lieben präsenter zu sein.

Auf den folgenden Seiten werden wir tief in die drei Fähigkeiten eintauchen, von denen man aus wissenschaftlichen Studien weiß, dass sie das Wohlbefinden fördern – und dass sie erlernbar sind:

- Fokussierte Aufmerksamkeit
- Offenes Gewahrsein
- Freundliche Absicht

Wenn wir fokussierte Aufmerksamkeit, offenes Gewahrsein und freundliche Absicht entwickeln, sind wir – dies hat die Forschung gezeigt – besser gerüstet, die Stürme des Lebens mit einer gewissen ruhigen Gelassenheit und Zufriedenheit zu verkraften. Die Forschung zeigt auch, dass wir unsere körperliche Gesundheit auf sehr reale und messbare Weise beeinflussen können, zum Beispiel durch:

1. Verbesserung der Immunfunktion, wodurch Infektionen besser abgewehrt werden.
2. Optimierung des Telomerase-Niveaus, eines Enzyms, das die Enden Ihrer Chromosomen repariert und pflegt und dadurch Ihre Zellen – also Sie! – jung, leistungsfähig und gesund erhält.
3. Stärkung der »epigenetischen« Regulierung der Gene, wodurch lebensbedrohlichen Entzündungsprozessen vorgebeugt wird.
4. Stressreduktion und Stärkung des Herz-Kreislauf-Systems.
5. Mehr Verbindungen zwischen separaten Regionen im Gehirn – etwas, das sich »Integration« nennt und die neuronale Basis von Wohlbefinden und Widerstandskraft ist!

Wenn Sie dieses 21-Tage-Programm Schritt für Schritt durchlaufen, werden Sie die Übung des »Bewusstseinsrads« in Ihrer ganz eigenen, persönlichen Version praktizieren lernen. Ich hege die Hoffnung, dass Sie, wenn Ihre Praxis sich vertieft, entdecken werden – wie ich selbst und viele andere, die mit dem Bewusstseinsrad arbeiten, –, dass Sie größere Klarheit und inneren Frieden erleben, ein tieferes Gefühl der Stabilität, ja Vitalität, nicht nur während der Praxis selbst, sondern auch den restlichen Tag über.

Ein praktisches Werkzeug

Das Rad ist eine sehr nützliche visuelle Metapher für die Art und Weise, wie der Geist arbeitet. Sie fiel mir ein, als ich eines Tages in meinem Büro einen runden Tisch anschaute. Die Tischplatte bestand aus klarem Glas und war mit einem hölzernen Rand eingefasst. Mir kam der Gedanke, dass das Bewusstsein verstanden werden könnte als etwas, das sich in der Mitte eines Kreises befindet – eine Radnabe, wenn Sie so wollen –, von der aus wir in jedem Moment die Wahl haben, auf welchen Punkt in einem breiten Spektrum von Gedanken, Bildern, Gefühlen und Empfindungen wir uns fokussieren. Mit anderen Worten: Das, wessen wir uns bewusst sein können, ist auf dem hölzernen Rand repräsentiert; die lebendige Fähigkeit, gewahr zu sein, wahrzunehmen, zu erkennen, könnten wir in der Nabe verorten.

Die zentrale Nabe dieses Tisches – den wir nun als »Bewusstseinsrad« bezeichnen – steht für die lebendige Erfahrung des Gewahr-Seins: wissend wahrzunehmen, dass man/frau auf Elemente schaut, die zu bekannten Dingen des Lebens gehören. Der Rand repräsentiert das, was bekannt ist; in diesem Moment zum Beispiel sind Sie sich der Worte bewusst, die Sie auf dieser Seite lesen, und jetzt sind Sie sich vielleicht der Assoziationen gewahr geworden, die Sie bei diesen Wörtern haben – der Bilder oder Erinnerungen, die Ihnen in den Sinn kommen.

Das Bewusstsein umfasst unser subjektives Gefühl des Wahrnehmens – dass Ihnen zum Beispiel jetzt bewusst ist, dass ich das Wort »Hallo« niederschreibe. In diesem Buch werden wir uns von der Perspektive leiten lassen, dass das Bewusstsein sowohl das Wahrnehmen als auch das Wahrgenommene umfasst. Sie nehmen wahr, dass ich »Hallo« geschrieben habe. Das erkennende Wahrnehmen ist Gewahr-Sein; »Hallo« ist das Gewusste, der Wissensinhalt. Das Wahrnehmen (oder »Gewahrsein«) ist in der Nabe; die Wissensinhalte (das Gewusste) liegen auf dem Rand.

Stellen Sie sich nun einmal vor, was geschehen würde, wenn Ihre Aufmerksamkeit von der Nabe als Startpunkt aus auf irgendeinen der verschiedenen Bewusstseinsinhalte am Rand gelenkt würde, sich auf

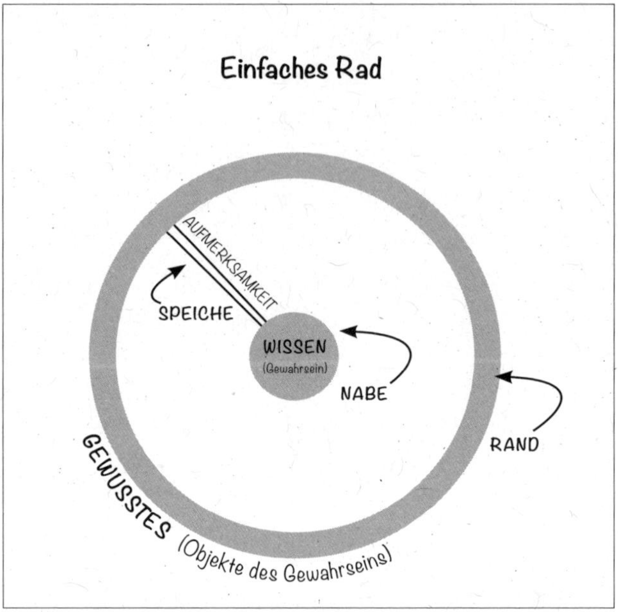

irgendeinen Punkt fokussieren würde – auf einen existierenden Gedanken, eine Sinneswahrnehmung oder ein Gefühl, einfach ein Element aus der riesigen Bandbreite der Dinge des Lebens, die sich am Rand des Rades befinden. Wir könnten nun die »Rad«-Metapher ausweiten und diese Momente, in denen sich die Aufmerksamkeit fokussiert, als »Speiche« des Rades bezeichnen. Eine Aufmerksamkeits-»Speiche« verbindet also die Nabe des Wahrnehmens mit dem Rand der bekannten Dinge des Lebens.

Beim praktischen Üben lade ich meine Klient:innen oder Studierenden ein, sich ihren Geist als so ein Rad vorzustellen. Als Nächstes nehmen wir in den Blick, wie der Rand in vier Teile oder Segmente aufgeteilt werden kann, von denen jedes eine bestimmte Kategorie von Wissensinhalten repräsentiert. Das erste Segment umfasst die Kategorie der fünf Sinneswahrnehmungen: Hören, Sehen, Riechen, Schmecken und Berühren; das zweite Segment repräsentiert eine weitere Kategorie, nämlich die der internen Signale des Körpers, zum Beispiel Empfindungen aus den Muskeln oder den Lungen. Das dritte Segment enthält die mentalen Aktivitäten der Gefühle, Gedanken und Erinnerungen, während das vierte unser Gefühl der Verbundenheit mit anderen Menschen und der Natur enthält, unseren »Beziehungs-Sinn«.

Die Übung des Bewusstseinsrades besteht darin, mit der Speiche der Aufmerksamkeit langsam den Rand des Rades abzutasten, dabei Element für Element des jeweiligen Segments in den Fokus zu rücken und dann mit der Speiche der Aufmerksamkeit zum nächsten Segment vorzurücken. Systematisch nehmen wir uns Randelement für Randelement vor und schreiten mit der Speiche der Aufmerksamkeit den Rand der Wissensinhalte ab. Durch die Rad-Übung können wir unsere Fähigkeit erweitern und ausdehnen, unser Gewahrsein so weit wie das Meer werden zu lassen, und können gleichzeitig bestimmte Elemente ins Visier nehmen und sie aus der Nähe betrachten. Menschen, die diese Übung machen, berichten, der Prozess fühle sich an wie eine Art Krafttraining für den Geist.

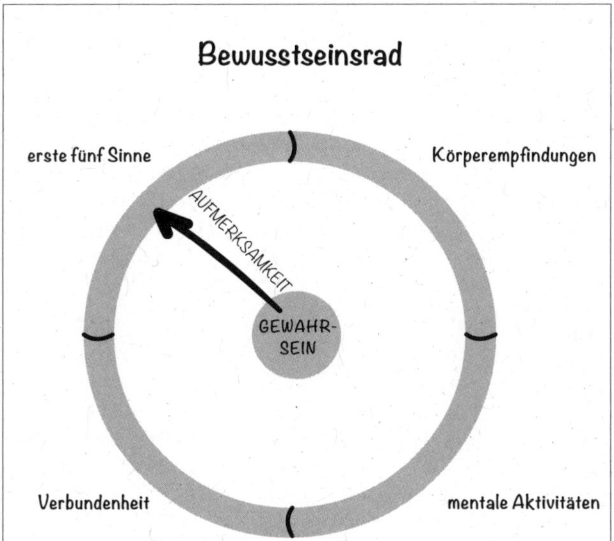

Ziel: Integration

Die Übung des Bewusstseinsrades wurde konzipiert als Hilfsmittel, um ausgeglichener zu werden, indem die Erfahrungen in unserem Bewusstsein besser ins Leben integriert werden. Wie? Indem wir die vielfältigen Bewusstseinsinhalte auf dem Rand voneinander und vom wahrnehmenden Gewahrsein in der Nabe selbst unterscheiden lernen, können wir die Komponenten des Bewusstseins differenzieren. Indem wir durch die Bewegung der Aufmerksamkeits-»Speiche« die Inhalte am Rand systematisch mit der wahrnehmenden Bewusstheit der Nabe verbinden, wird es möglich, die differenzierten Teile des Bewusstseins zu verknüpfen. Auf diese Weise, durch Differenzieren und Verknüpfen, führt die Übung des Bewusstseinsrades zur Bewusstseins-Integration.

Die zentrale Idee hinter dem Bewusstseinsrad besteht darin, den Bewusstseinsraum zu erweitern und damit im Endeffekt die Art und Weise, wie wir unser Bewusstsein erleben, auszubalancieren. Balance ist ein alltägliches Wort, das wir wissenschaftlich verstehen können als Ergebnis eines Prozesses, den wir Integration nennen – es zuzulassen, dass Dinge sich voneinander unterscheiden, verschieden sind, und sie andererseits wieder miteinander verknüpfen. Indem wir differenzieren und verknüpfen, integrieren wir. Indem wir Integration schaffen, wird unser Leben ausgeglichen und koordiniert. Vielleicht benutzen verschiedene Wissenschaftsrichtungen dafür andere Begriffe, aber das Grundkonzept ist dasselbe. Integration – die Balance zwischen Differenzierung und Verknüpfung – ist die Basis optimaler Selbstregulierung, die uns erlaubt, zwischen Chaos und Erstarrung zu fluktuieren; Integration ist der zentrale Prozess, der uns blühen und gedeihen lässt. Auch Gesundheit entsteht aus Integration.

Auf einer pragmatischeren, alltäglichen Basis bedeutet das: von da, wo wir sehr reaktiv sind, wegkommen, hin zu einer empfänglicheren, ruhigeren Haltung – von der Panik zur Präsenz sozusagen. So einfach ist es tatsächlich, und so wichtig. Also, ohne weitere Vorreden, packen wir es an!

Gewahr werden

ERSTE WOCHE

Mit dem Atem das Fundament legen

In der ersten Woche dieses Programms legen wir das Fundament für die Praxis des Bewusstseinsrades, und zwar, indem wir uns auf den wichtigsten Baustein konzentrieren. Wir lernen, mithilfe des Atems unsere Aufmerksamkeit zu stabilisieren.

Bewusstes Atmen schafft eine gewisse innerliche Kohärenz, was wahrscheinlich an der Struktur der Wiederholung von Inhalation und Exhalation, Einatmen und Ausatmen liegt. Es ist tief befriedigend und erdend, etwas zu erwarten, was dann geschieht, so wie es beim Atmen der Fall ist. Es kann dem Leben eine gewisse Zuverlässigkeit und Berechenbarkeit verleihen. Für viele ist es so, dass eine solche Fokussierung auf den Atem eine Kohärenz schafft, und zwar nicht nur durch physiologische Ausgeglichenheit in der Herzregion, sondern auch durch die geistige Klarheit, die lange über die reine Übungsphase hinaus anhalten kann. Diese Übung – sich auf den Atem zu fokussieren und zu ihm zurückzukommen, wenn der Geist abschweift – kann für die Entwicklung Ihrer

Meditationspraxis das beste Werkzeug sein und ein Geschenk, das Sie im täglichen Leben immer wieder beglückt. Denn, kaum zu glauben: Wir atmen ja immer!

In jedem Moment unseres Wachzustands gibt es einen unaufhörlichen Fluss von Energie und Information, der durch die Filter unseres Geistes fließt. Und wir können einen Weg finden, unser Wohlbefinden so aufzubauen, dass wir für jedes Objekt unserer Aufmerksamkeit offen sein können – Empfindungen, Erinnerungen, Fantasie – und nichts aus unserem Bewusstsein ausschließen müssen. Stellen Sie sich vor, Sie hätten einen Geist mit dieser »Her damit!«-Einstellung, von innen heraus offen für alles, was das Leben uns beschert! Sie sind registrierender Zeuge des Flusses, und ein Weg, diesen Zeugen zu stärken, besteht darin, die Linse zu stabilisieren, mit dem wir den Fluss erleben. Ein sehr nützlicher Ankerpunkt für diese Übung, einer, der sich in vielen Kulturen auf der ganzen Welt findet, ist der Atem. Wenn wir eine solche grundlegende Übung zum Atemgewahrsein machen, stärken wir die Fähigkeit des beobachtenden Zeugen und stabilisieren damit unsere Aufmerksamkeit. Mit der erweiterten Version des Bewusstseinsrades können wir, wie wir bald sehen werden, dieses Stabilisieren der Aufmerksamkeit fördern und auch weitere Aspekte hinzufügen, sowohl um den Energiefluss zu beobachten als auch zu ändern.

Für die erste Woche unseres gemeinsamen Weges lade ich Sie ein, abwechselnd die beiden nun folgenden Übungen mit dem Atem zu machen und Ihre Eindrücke davon auf den vorgesehenen leeren Seiten festzuhalten. Angemerkt sei noch, dass Sie im weiteren Verlauf natürlich dieses und jedes andere Element der Übung gerne Ihren Bedürfnissen entsprechend abändern können.

Meditation: Atem-Gewahrsein

Ein paar Tipps zum Anfang:

VERSUCHEN SIE, WACH ZU BLEIBEN. Wenn man sich dem Inneren zuwendet, sich zum Beispiel auf die Körperempfindung beim Atmen fokussiert, lässt man die auf die Außenwelt gerichtete Aufmerksamkeit los. Für manche Menschen ist so ein innerer Fokus etwas so gänzlich Anderes als ein äußerer, dass es für sie fremd, seltsam oder sogar unangenehm ist. Manche Menschen finden diesen inneren Fokus öde und langweilig. In dieser Situation gibt es die Tendenz, diesen Fokus zu verlieren, weniger wach zu sein, schläfrig zu werden oder tatsächlich einzuschlafen. Zwar ist das berühmte »kleine Nickerchen« wahrscheinlich die am meisten unterschätzte menschliche Aktivität, aber vielleicht möchten Sie ja in den Genuss der segensreichen Wirkungen der Praxis kommen und bleiben deshalb lieber wach. Mehr noch: Hellwach zu bleiben gehört zu dem Prozess, in dem Sie lernen, den Aufmerksamkeits-Fokus des Geistes zu kräftigen, denn Sie merken, wann Sie groggy werden, und wecken sich dann wieder auf. Den Zustand Ihrer Wachheit tatsächlich zu »beobachten«, gehört zu dem Prozess, in dem Sie genau die Fähigkeit vertiefen, den Fluss von Energie und Information zu beobachten. Sie können diese Information über Ihre Schläfrigkeit nun nehmen und Ihre Energie entsprechend so modulieren, dass Sie wach bleiben, ja sogar noch wacher werden.

Ein Beispiel: Sie könnten, wenn Sie die Augen geschlossen haben, überlegen, ob Sie sie nicht ein wenig öffnen, um Licht hereinzulassen und das Gehirn zu stimulieren. Sie können die gesamte Übung mit offenen oder teilweise offenen Augen machen (die Lider einen Spalt offen). Wenn Sie das nicht wachhält, versuchen Sie es im Sitzen statt im Liegen. Wenn Sie sitzen, können Sie es im Stehen versuchen, und wenn Sie stehen, können Sie es mit Herumgehen versuchen. Um die Aufmerksamkeit zu stabilisieren, können Sie etwas tun, was den Energiefluss verändert und den Geist belebt. Es geht darum, dass Sie Ihre Wachheit und Ihren

Energiezustand beobachten und dann etwas tun. Sollten Sie allerdings wirklich Schlaf brauchen, ist es vielleicht besser, die Übung ganz bewusst einen Moment sausen zu lassen, zu schlafen und die Pause zu genießen!

Noch ein Tipp: Wenn Sie diese Übung in der Gruppe machen, könnte die gemeinsame Übereinkunft hilfreich sein, dass jemand, der tatsächlich einschläft und womöglich zu schnarchen anfängt, von anderen Teilnehmenden aufgeweckt werden darf. Es ist nämlich schwer, ein Schnarchen zu ignorieren! Es ist besser, das vorher zu klären und es zu erlauben, Schnarchende mit einem sanften, respektvollen Stups zu wecken.

ENTSPANNUNG VERSUS MEDITATION. Es gibt einen Unterschied zwischen Entspannung und Meditation. Entspannungstechniken sind großartig, um sich zu beruhigen, aber ihre Resultate sind nachweislich ganz andere als die Wirkungen einer meditativen Achtsamkeitspraxis. Sie könnten also durchaus entspannt sein, wenn Sie diese kontemplative Atemübung – oder später das Bewusstseinsrad – machen, aber genauso gut ist es möglich, dass Sie sich überhaupt nicht entspannt fühlen, und das ist völlig in Ordnung. Meditation ist nicht das Gleiche wie Entspannung – weder in der Tätigkeit selber noch in den Ergebnissen. Meditieren bedeutet eher, dass Sie stabil und klar werden, sogar, wenn um Sie herum das Chaos herrscht – oder in Ihnen. Achtsames Gewahrsein besteht darin, zu beobachten, was geschieht, während es geschieht. Das ist das rezeptive Gewahr-Sein, das wir »Präsenz« nennen. Das ist die Klarheit, die durch die Meditation aufgebaut wird, denn in dieser dürfen die Dinge aufsteigen und im Gewahr-Sein, der Nabe des Rades, einfach erlebt werden.

EMPFINDEN VERSUS BEOBACHTEN. Es gibt einen Unterschied zwischen Empfinden und Beobachten. Wenn wir das Gewahrsein für Empfindungen öffnen, zum Beispiel für die des Atems, werden wir zu einer Art Kanal, der irgendetwas in unser Gewahrsein fließen lässt; zum Beispiel die Empfindung des Atems an den Nasenlöchern, derer wir gewahr sind. Aufmerksamkeit ist hier also eher wie ein Schlauch, eine Leitung, die Wasser durch sich hindurchfließen lässt. Im Gegensatz dazu gibt es, wenn wir etwas beobachten, eher so etwas wie einen Zeugen, der eine Wahrnehmung konstruiert – der zum Beispiel das Wasser zu Blöcken gefrieren lässt, um dann ein Iglu daraus zu bauen –, und weniger einen Kanal, der einen Strom weiterleitet. Und wie wir sehen werden: Wenn wir von diesem Zeugen-Standpunkt aus beobachten und erzählen, dann konstruieren wir eine Geschichte über etwas – sogar über den Atem –, statt den Fluss des Empfindungsstroms im Kanal einfach nur zu fühlen. Wir können den Energiefluss auch mit Seifenlauge vergleichen, und der Geist wäre der kleine Ring mit dem Griff, den wir in die Lauge tauchen, um dann Seifenblasen in allen Größen zu pusten.

Durch Beobachten werden wir zu einer Art Zeuge, um schließlich von einer Erfahrung zu erzählen. Wir könnten sagen, dass wir so Erfahrungen machen, durch Beobachten, Zeuge sein und Erzählen. Dies sind alles Formen der Konstruktion, weil wir darin als Beobachtende, Bezeugende und Erzählende eine Rolle spielen, die alle ihren Beitrag leisten, um aus dem Moment ein Erlebnis zu konstruieren. Und diese Konstruktion kann sich gewaltig unterscheiden von dem empfindsamen Fluss, ein Kanal, für das Erleben zu sein.

Darum geht es also bei der Atem-Gewahrseins-Übung: Wir nehmen die Empfindung des Atems in den Fokus der Aufmerksamkeit und lassen sie unser Gewahrsein ausfüllen. Das ist etwas ziemlich anderes als die Aufforderung, den Atem zu beobachten, zu bezeugen oder das Erlebnis des Atmens zu formulieren: »In diesem Moment atme ich.« Vielleicht kommt Ihnen das als Haarspalterei vor, aber Sie werden sehen, dass die Unterscheidung zwischen der Wahrnehmung der Empfindung und dem Beobachten ein fundamentaler Baustein für die Integration Ihres gesamten Erlebens und Ihr geistiges Wachstum ist.

SEIEN SIE FREUNDLICH ZU SICH. Die Übungen mögen alle einfach sein, aber leicht sind sie durchaus nicht. In vielerlei Hinsicht ist das reflektierende Schauen nach innen eine der größten Herausforderungen für uns Menschen. Der französische Mathematiker Blaise Pascal sagte einmal: »Alle Probleme der Menschheit rühren daher, dass der Mensch unfähig ist, still und allein in seinem Zimmer zu sitzen.« In der Tat ist unsere Reflexionsfähigkeit das Herzstück jeder emotionalen und sozialen Intelligenz, Fähigkeiten, die viele Menschen nicht gelernt haben. Dies sind die Werkzeuge, die Sie in die Lage versetzen, Ihr Innenleben zu verstehen und mit dem inneren, seelischen Leben von anderen in Berührung zu kommen.

Wir sind so daran gewöhnt, uns nach außen zu fokussieren, dass solche Übungen der Selbstreflexion für viele Menschen neu sind. Eine längere Zeit still dazusitzen ist für manche nahezu unerträglich. Wir lassen uns gerne von äußeren Reizen ablenken oder reden, wenn ein Moment der Stille eintritt, um die Lücke zu füllen. Und deshalb ist es ziemlich wichtig, sanft mit sich umzugehen und zu erkennen, dass fast das ganze Leben sich bisher auf Äußeres fokussiert hat und voll ist mit äußeren Einflüssen – von Leuten, dem ganzen Technikkram und anderen Dingen in der Umgebung. Jetzt aber bereichern Sie Ihren Lebensweg, indem Sie lernen, Ihr Innenleben zu reflektieren.

Es kann am Anfang unangenehm sein, mit diesen Übungen der Selbstreflexion vertraut zu werden. Wieder möchte ich Sie einladen, zu sich selbst freundlich zu sein. Es ist harte Arbeit, und »Perfektion« gibt es hier nicht. Wir müssen ja immer bedenken: Der Geist hat sozusagen »seinen eigenen Kopf«! Es ist ein Teil Ihrer Aufgabe, zu erkennen, dass Energie und Information einfach fließen. Manchmal können Sie sie gut lenken und die Aufmerksamkeit steuern; manchmal führen sie schlichtweg ein Eigenleben, und die Aufmerksamkeit wird mal hierhin, mal dorthin gezogen. Für das, was passiert, offen zu sein, ist der erste Schritt. Und freundlich zu sich selbst zu sein, wird Ihnen helfen, während Sie mit diesem Reiseführer unterwegs sind.

GEWAHRSEIN TO GO

Auf die Füße fokussieren

Lust auf eine schnelle, zentrierende Übung, die Sie immer und überall machen können? Augen schließen, tief atmen und einfach ... auf die Füße fokussieren. Wenn Sie die ganze Aufmerksamkeit auf die Füße richten und darauf, wie die Füße Sie mit der Erde verbinden, können Sie sich buchstäblich »erden« – im Nu!

In dieser ersten Woche unseres dreiwöchigen Programms lade ich Sie ein, jeden Tag abwechselnd eine der beiden folgenden Übungen zu machen. Am Ende dieses Kapitels ist Platz frei gelassen, wo Sie im Laufe dieses Prozesses, in dem Sie mithilfe des Atems Ihre Aufmerksamkeit schärfen und Ihre Bewusstheit ausweiten, Eindrücke festhalten, Notizen machen und Ihre Entwicklung nachzeichnen können.

Bevor wir anfangen, sollten wir noch anmerken, dass der Atem – oder ein anderer Fixpunkt für die Aufmerksamkeit – am Anfang vielleicht überhaupt nicht besänftigend wirkt, nicht einmal, wenn die Übung vorbei ist. Aus verschiedenen Gründen – dazu gehören unbewältigte unangenehme Erfahrungen aus der Vergangenheit, auch Traumata – kann jeder meditative Fokus Empfindungen freilegen, die schmerzhaft sind. Wenn Sie so etwas erleben, kann es nützlich und hilfreich sein, in dieser Phase der Übung einen anderen Fokus zu finden – zum Beispiel die Empfindungen in den Fingerspitzen oder wie das Licht ins Fenster scheint. Das Wichtigste ist, freundlich und fürsorglich zu sich zu sein (in der Erkenntnis, dass wir alle einzigartige Individuen sind) und die vorgeschlagenen Anleitungen für die Übungen so anzupassen, dass es Ihrem Wachstum und Wohlbefinden dient.

Übung 1

Atem-Gewahrsein zur Stabilisierung der Aufmerksamkeit

Suchen Sie einen Ort, wo Sie nicht gestört werden. Nehmen Sie sich einen Moment Zeit, um eine bequeme Haltung zu finden – Sie können sitzen, liegen oder stehen. Stellen Sie alle Geräte ab, die Ihre fünfminütige Übung stören könnten. Wenn Sie einen Timer haben, stellen Sie ihn so, dass er nach fünf Minuten sanft ertönt. Wenn Sie auf einem Stuhl sitzen, stellen Sie die Beine und Füße parallel, halten den Rücken sanft gerade und lassen die Fußsohlen flach auf dem Boden ruhen. Wenn Sie mit gekreuzten Beinen auf dem Boden sitzen, halten Sie den Rücken gerade und den Körper in einer bequemen Haltung, in der Sie ein paar Minuten verweilen können. Wenn Sie (so wie ich) manchmal Rückenschmerzen bekommen, können Sie sich auch hinlegen, aber denken Sie daran, dass Sie dabei vielleicht einschlafen. Eine Technik, die mir hilft, im Liegen nicht einzuschlafen: Ich hebe den Unterarm und zeige mit der Hand Richtung Decke (Ellbogen auf dem Boden). Wenn Sie tatsächlich einschlafen, werden Sie es merken, denn der Arm dürfte Ihnen auf die Brust fallen und Sie damit wahrscheinlich aufwecken.

Sie können die Augen offen lassen, wenn Sie möchten, oder Sie können sie teilweise schließen und weich fokussiert lassen. Für manche ist es einfacher, sie ganz zuzumachen, um die sensorische Ablenkung durch das Licht zu vermeiden.

Bevor Sie die Augen schließen, versuchen Sie folgende vier Schritte:

1. Lassen Sie Ihre visuelle Aufmerksamkeit in die Mitte des Raumes wandern.
2. Lenken Sie dann Ihre Aufmerksamkeit auf die gegenüberliegende Wand.
3. Bringen Sie die Aufmerksamkeit wieder in die Mitte des Raumes zurück.
4. Kommen Sie zum Schluss mit Ihrer visuellen Aufmerksamkeit in eine Entfernung zurück, als würden Sie ein Buch lesen.

Nehmen Sie einen Moment lang wahr, wie Sie steuern können, wohin die Aufmerksamkeit geht. Hier lenken Sie gerade mit Ihrer visuellen Aufmerksamkeit die Energie des Lichtes in Ihr Bewusstsein.

Ich lade Sie ein, die folgende Anleitung zu lesen und sich während des Lesens für einen ersten praktischen Versuch davon leiten zu lassen.

Hier ist die Anleitung:

- Lassen Sie die Aufmerksamkeit auf dem Atem ruhen, wobei Sie am Anfang die Empfindung wählen, wie die Luft an den Nasenlöchern ein- und ausströmt.
- Fokussieren Sie sich auf den Brustkorb und lassen dabei die Empfindung, wie er sich ausdehnt und zusammenzieht, Ihr Bewusstsein erfüllen.
- Lassen Sie nun Ihre Aufmerksamkeit zum Unterleib wandern. Falls Sie noch nie »Bauchatmung« gemacht haben, können Sie eine Hand auf den Bauch legen und die Empfindung, wie er sich bewegt, Ihr Bewusstsein erfüllen lassen. Das Zwerchfell unterhalb der Lungen drückt nach unten und den Bauch nach außen, während die Lungen sich mit Luft füllen; das Zwerchfell entspannt sich, die Luft entweicht, und der Bauch zieht sich wieder zusammen. Fahren Sie damit fort, diese Empfindungen Ihr Bewusstsein erfüllen zu lassen. Reiten Sie die Wellen des Ein- und Ausatems und lassen Sie Ihr Bewusstsein voll werden mit diesen Empfindungen, wie der Bauch sich bewegt.
- Lassen Sie nun die Aufmerksamkeit die Atem-Empfindung aussuchen, die sich für Sie am natürlichsten anfühlt. Vielleicht ist es die Bewegung des Bauches; vielleicht ist es der Brustkorb, der sich hebt und senkt; vielleicht ist es die Empfindung an den Nasenlöchern, wie die Luft ein- und ausströmt. Oder vielleicht ist es der gesamte Körper, der einfach atmet, ein und aus. Da, wo sich die Empfindung des Atmens für Sie am einfachsten einstellt, dorthin richten Sie Ihre Aufmerksamkeit.

- Lassen Sie nun die Empfindung des Atmens Ihr Bewusstsein erfüllen. Ein und aus, ein und aus reiten Sie die Wellen des Atems, ein und aus. Irgendwann füllt sich Ihr Bewusstsein vielleicht mit etwas anderem als dem Atem. Wenn Sie merken, dass das Bewusstsein nicht mehr beim Atem ist, lenken Sie Ihre Aufmerksamkeit wieder zurück auf die Empfindung des Atmens.

Fahren Sie fort, sich ein paar Zyklen lang auf den Atem zu fokussieren, und, falls irgendetwas den Fokus vom Atem abgelenkt hat, sich neu zu fokussieren. Schauen Sie, wie das klappt. Wenn Sie diese Anleitung lesen, während Sie es ausprobieren, können Sie für ein paar Atemzyklen die Augen zumachen, bevor Sie weiterlesen.

Wohin die Aufmerksamkeit fließt, dort findet neuronales Feuern statt und es bilden sich neuronale Verbindungen.

GEWAHRSEIN »TO GO«:

Atempause

Wir atmen ständig – und trotzdem vergessen wir in unserer schnelllebigen Computer-Ära diesen fundamentalen körperlichen Prozess viel zu leicht. Hier ist ein einfacher und schneller Weg, sich überall und jederzeit auf den Atem zu besinnen und das Gewahr-Sein auszuweiten.

1. Sitzen oder stehen Sie aufrecht, atmen langsam durch den Mund aus und lassen allen Sauerstoff aus den Lungen entweichen.

2. Atmen Sie langsam durch die Nase ein und zählen dabei auf vier.

3. Halten Sie den Atem an und zählen Sie langsam auf vier.

4. Atem Sie langsam durch den Mund aus und zählen dabei auf vier.

Übung 2

Fügen wir nun eine weitere Komponente hinzu. Manchen Menschen hilft es, wenn sie ein allgemeines Wort haben, das für die Ablenkung steht, die die Aufmerksamkeit vom Atem wegzieht. Wenn ein Gedanke Sie davon abgebracht hat, die Empfindung des Atmens ins Bewusstsein strömen zu lassen (vor allem, wenn dieser Gedanke wiederholt aufgetaucht ist), könnten Sie versuchen, im Geiste still zu sagen: »Denken ... denken ... denken ...« Die Ablenkung so zu benennen hilft vielen, sie loszulassen, und macht es leichter, die Aufmerksamkeit wieder auf die Empfindung des Atmens zurück zu lenken. Und wenn eine Erinnerung das Bewusstsein belegt und den Atem verdrängt, könnte es auf ähnliche Weise helfen, innerlich »Erinnern… erinnern… erinnern...« zu sagen, um die Aufmerksamkeit von der Erinnerung weg- und wieder zur Empfindung des Atmens zurück zu geleiten. Manche lenkt aber dieser Vorgang des Benennens selbst zu sehr ab und hilft ihnen nicht weiter. Für sie ist es einfacher, die Ablenkung einfach zu bemerken, ohne sie zu benennen, und die Aufmerksamkeit wieder auf die Empfindung des Atmens zurückzubringen.

Zusätzlich zum Etikettieren oder Benennen von Ablenkungen – um dann wieder zum Atem zurückzukommen – vergessen Sie bitte nicht, freundlich zu sich zu sein. Vielleicht hilft dabei folgende Perspektive: Die Atempraxis ist wie das Anspannen und Entspannen eines Muskels im Sport. Auf den Atem zu fokussieren ist das Anspannen; die unvermeidliche Ablenkung ist das Entspannen. Für die Ablenkungen brauchen Sie übrigens nicht zu sorgen – die kommen von allein, denn der Geist hat seinen eigenen Kopf! Aber Sie können ganz bewusst eine freundliche Einstellung einnehmen, wenn diese Ablenkungen kommen, können offen sein für alles, was auftaucht, die Ablenkung beobachten, erkennen, dass sie ein Objekt oder eine Aktivität des Geistes ist, und dann den Fokus der Aufmerksamkeit zurück auf den Atem lenken – und den ganzen Prozess freundlich, mit einer sanften, nicht verurteilenden Haltung umrahmen. Auf diese Weise bringen Sie neben Offenheit, Beobachtung und Objektivität auch Freundlichkeit in Ihre Übungspraxis mit ein.

Wenn Sie nur im Fluss dessen bleiben würden, was gerade in der Empfindung geschieht und durch die Kanal-Leitung ins Bewusstsein fließt, dann wäre das Sich-Verlieren in einer Ablenkung einfach auch nur eine fließende sinnliche Erfahrung. In diesem Fall würden Sie lediglich »Offenheit« zum Einsatz bringen. Stattdessen erlaubt uns das Stabilisieren der Aufmerksamkeit, in der fließenden Empfindung des Atmens zu sein – offen für das Fließen im Kanal – und dann die Werkzeuge zu benutzen, die der Geist mit seinen Fähigkeiten des Registrierens und der Objektivität bereithält, sodass wir den neuen Gedanken oder die neue Erinnerung als Ablenkung registrieren und nicht einfach »mitschwimmen«; und dann können wir den Umsteuerungsprozess konstruieren, um die Aufmerksamkeit zur Empfindung des Atmens zurückzulenken. Ganz allgemein gesagt: Diese einfache Übung zum bewussten Atmen lädt uns ein, für den Fluss des Atems offen zu sein; zu registrieren, wenn der Fokus sich verschoben hat; und die Aufmerksamkeit auf objektive Weise wieder zum Atem zu bringen. Das Differenzieren zwischen Offenheit, Beobachtung und Objektivität wird somit, indem wir die Aufmerksamkeit stabilisieren, zur verknüpfenden Integration.

Versuchen wir also diese elementare Atem-Gewahrseins-Übung noch einmal, diesmal aber mit der Einladung, Ablenkungen entweder zu etikettieren oder einfach zu registrieren und auf freundliche Weise, immer wieder, zum Atem zurückzukehren.

Wenn Sie auf eigene Faust starten und diese Atem-Achtsamkeitspraxis zum ersten Mal machen, stellen Sie sich einen Timer auf drei Minuten. Es könnte sich lohnen, den Klingelton sorgfältig auszusuchen – vielleicht einen anderen zu wählen als den, mit dem Sie morgens geweckt werden! Wenn Sie schon einmal praktiziert haben, könnten Sie es mit fünf Minuten versuchen. Sobald die Zeituhr gestellt ist, lassen Sie sich den Atem fühlen, kommen zurück, wenn irgendeine Ablenkung Ihr Gewahrsein mit etwas anderem als dem Atem belegt hat, und fahren fort, die Welle des Atems zu reiten, ein und aus, bis die Zeituhr Ihnen das Ende signalisiert. Bevor Sie den Timer für so eine kontemplative Übung stellen, suchen Sie sich eine bequeme Position, mit geradem Rücken, in einem Raum, wo Sie nicht gestört werden.

Bereit? Genießen Sie die Fahrt!

Nach der Übung fühlen Sie sich vielleicht ruhig oder energiegeladen, erfrischt oder müde. Wenn Sie gerade eine schwierige Phase in Ihrem Leben haben, fühlen Sie sich vielleicht noch angespannter oder unruhiger, denn sich mit dem eigenen Innenleben zu beschäftigen, kann uns die Schwierigkeiten, denen wir uns gegenübersehen, auch bewusster machen. Vergessen Sie nicht: Es ist bloß eine Übung. Eine Übung zu machen bedeutet nicht, dass wir uns hinterher auf eine bestimmte Weise fühlen müssen; auch nicht, dass wir uns jedes Mal, wenn wir sie versuchen, hinterher gleich fühlen. Warum sehen wir das als Übung? Es ist eine Übung, weil Sie die Fähigkeit stärken, Ihre Aufmerksamkeit zu fokussieren, eine Ablenkung zu bemerken, die für die gegebene Aufgabe nicht entscheidend oder relevant ist – Wissenschaftler nennen das »Salienzüberwachung« –, und dann die Aufmerksamkeit gezielt zurückzubringen. Es gibt verschiedene Schaltkreise im Gehirn für diese verschiedenen Facetten der Aufmerksamkeit – den Fokus stabil halten, registrieren, zurückbringen –, und Sie trainieren jede davon.

Vergessen Sie die Grundaussage nicht: Wohin die Aufmerksamkeit fließt, dort findet neuronales Feuern statt und es bilden sich neuronale Verbindungen.

In diesen paar Minuten des Übens haben Sie mehrere wichtige Teile des Gehirns aktiviert!

In anderen kontemplativen Übungen dieser Bewusstseinsrad-Praxis werden wir die Fähigkeit zu offener Bewusstheit oder offenem Registrieren erforschen und ausweiten – soll heißen: die Fähigkeit, Dinge einfach auftauchen zu lassen und in einem offenen, empfänglichen Zustand zu sein. Dieses offene Gewahr-Sein wird, zusammen mit den Grundelementen der Aufmerksamkeitspraxis (Fokus stabil halten, registrieren, zurückbringen), immer stärker werden, je mehr Ihre Praxis sich vertieft.

Tag 1 – Meine Eindrücke

Wie war das für Sie? Nehmen Sie sich einen Moment Zeit, über Ihre Erfahrung mit dem Atem nachzudenken.

Tag 2 – Meine Eindrücke

Wie sind Sie, nachdem die Atem-Meditation vorbei war, den restlichen Tag/Abend über mit Ihrem Atem umgegangen? War Ihnen das Einatmen/Ausatmen bewusster? Hat das Ihren emotionalen Zustand verändert? Wie?

Tag 3 – Meine Eindrücke

Wenn Sie Ihre Atempraxis machen, kommen Ihnen da gewisse Bilder in den Sinn? Wenn ja, beschreiben Sie einige davon. Welche Aspekte der Praxis waren für Sie bis jetzt die schwierigsten? Ist es für Sie schwer, mit sich selbst freundlich und geduldig zu bleiben, oder fällt Ihnen diese mitfühlende Art des inneren Umgangs leicht?

Tag 4 – Meine Eindrücke

Wie fühlen Sie sich den Rest des Tages über, nachdem Sie diese Übungen zum Atem-Gewahrsein nun ein paar Tage gemacht haben? Zentrierter? Ruhig? Beschreiben Sie.

Tag 5 – Meine Eindrücke

Wir nähern uns nun der zweiten Woche der Bewusstseinsrad-Praxis, und ich möchte Sie einladen, ein bisschen den vier Segmenten auf dem Rand nachzuspüren. Wie oft haben Sie sich während der heutigen Atem-Gewahrseins-Übung auf jedem dieser vier Segmente wiedergefunden? Waren Sie auf einem öfter als auf den anderen? Was für spezifische Gedanken oder Gefühle haben Sie erlebt? Auf diese Weise können wir die Empfindungen, Bilder, Gefühle und Gedanken in unserem Leben ein wenig sortieren.

Die fünf Sinne: Hören, Sehen, Riechen, Schmecken, Berühren

Körperempfindungen: Signale von Muskeln und Knochen oder von inneren Organen wie dem Herzen oder den Verdauungsorganen

Mentale Aktivität: Emotionen, Erinnerungen, Gedanken, Überzeugungen, Stimmungen, Einstellungen, Hoffnungen, Sehnsüchte, Wünsche und mehr

Gegenseitige Verbundenheit: ein Gefühl der Verbundenheit mit anderen Menschen und mit dem Planeten – mit der Natur und der Umwelt, die den Körper umgibt

Tag 6 – Meine Eindrücke

Gab es heute in Ihrer Praxis Momente, wo Sie ganz oder teilweise nicht mehr bei der Sache waren? War das eine plötzliche Unterbrechung, oder ist Ihnen nur allmählich bewusst geworden, dass Sie über verschiedene Ablenkungen, Gedanken oder Sorgen nachgegrübelt haben? Beschreiben Sie diese Momente und wie Sie es geschafft haben, sich wieder zur Praxis zurückzubringen. Könnte es irgendwelche nützlichen Werkzeuge für Sie geben, wenn wir auf den nächsten Seiten tiefer in die Bewusstseinsrad-Praxis einsteigen?

Tag 7 – Meine Eindrücke

Drei Säulen des Geistestrainings

Ein Überblick über die Forschung zum Bewusstseinstraining deutet darauf hin, dass es drei Faktoren gibt, die uns helfen, Wohlbefinden und Zufriedenheit in unser Leben zu bringen – fokussierte Aufmerksamkeit, offenes Gewahrsein und Mitgefühl (was wir auch »freundliche Absicht« nennen könnten). Fokussierte Aufmerksamkeit beinhaltet die Fähigkeit, unsere Konzentration aufrechtzuerhalten und die Aufmerksamkeit immer wieder auf das beabsichtigte Objekt zu fokussieren. Offenes Gewahrsein ist die Fähigkeit, für Objekte im Bewusstsein zugänglich zu sein, ohne an ihnen festzuhängen oder sich in ihnen zu verlieren. Freundliche Absicht umfasst einen Geisteszustand, in dem wir positive Wertschätzung, Mitgefühl und Liebe für uns selbst und andere um uns herum spüren. Schreiben Sie für die heutige Reflexion alle Momente während dieser Praxiswoche auf, in denen Sie das Gefühl hatten, dass einer dieser drei Pfeiler ins Spiel kam. Welche Gedanken, Erinnerungen oder Bilder tauchten auf, entweder während der Praxis oder danach?

Fokussierte Aufmerksamkeit:

Offenes Gewahrsein:

Freundliche Absicht:

ZWEITE WOCHE

Das Bewusstseinsrad erforschen

In dieser zweiten Woche Ihres Weges durch die Architektur des eigenen Geistes tauchen wir direkt in die Übung mit dem Bewusstseinsrad ein und untersuchen, wie es sowohl als Metapher wie auch als Modell für unsere angeborene Fähigkeit dienen kann, Aufmerksamkeit zu fokussieren und unser Gewahr-Sein auszuweiten. Diese Woche möchte ich Sie einladen, jeden Tag die Basis-Übung zum Bewusstseinsrad auszuprobieren. In der dritten Woche des Programms werden wir auf dieser Basis-Orientierung aufbauen und sie zum kompletten Bewusstseinsrad erweitern.

Das einfache Bewusstseinsrad

Suchen Sie sich einen ruhigen Ort, wo Sie eine halbe Stunde lang ungestört sitzen, liegen oder stehen können. Schalten Sie Handy & Co. aus. Schauen Sie sich die Abbildung des Rads auf der nächsten Seite noch einmal an und prägen Sie es sich, so gut es geht, ein; es ist aber auch okay, wenn Sie einfach die Bestandteile wissen. Erinnern Sie sich: Die Nabe repräsentiert das wahrnehmende Gewahr-Sein; der Rand die Wissensinhalte, das Gewusste; und die Speiche den jeweiligen Fokus der Aufmerksamkeit. Vielleicht möchten Sie die ganze Übung zuerst auch noch einmal durchlesen, bevor Sie starten, und sich dann von der Erinnerung leiten lassen. Alternativ können Sie sich im Arbor Online Center unter diesem Link www.arbor-online-center.de/begleitmaterial eine gesprochene Anleitung der Übung anhören. Geben Sie dafür diesen Code ein: ds22bw.

Wir fangen an, indem wir uns erst einmal zentrieren und uns auf den Atem fokussieren. Lassen Sie die Empfindung des Atmens das Bewusstsein füllen. Dann verlagern Sie die Aufmerksamkeit weg vom Atem. Stellen Sie sich selbst im Zentrum des Rades vor, in der Nabe des bewussten Wahrnehmens, des Bewusst-Seins. Stellen Sie sich nun vor, wie Sie von der Nabe aus eine Speiche der Aufmerksamkeit zum ersten Segment des Rades schicken. Beginnen wir damit, dass wir die Aufmerksamkeit auf das Hören fokussieren und unser Gewahrsein mit Klang füllen lassen …

(Bei jeder Sinneswahrnehmung etwa fünfzehn bis dreißig Sekunden zu verweilen dürfte ein gutes Maß sein.)

Nun lassen wir das Hören los und stellen uns vor, wir bewegen die Speiche der Aufmerksamkeit ein Stückchen weiter auf diesem Segment, hin zum Sehen. Wir lassen das Bewusstsein von Licht erfüllen (bei geschlossenen oder leicht geöffneten Lidern, Augen nur sanft fokussiert) …

Wir bewegen die Speiche der Aufmerksamkeit weiter, lassen das Licht los und gehen zum Riechen über; lassen Gerüche das Bewusstsein füllen …

Und wir bewegen die Speiche der Aufmerksamkeit weiter, öffnen uns dem Geschmackssinn, lassen Geschmecktes das Bewusstsein füllen …

Nun lassen Sie die Speiche der Aufmerksamkeit weiter wandern, hin zum Berühren, lassen das Bewusstsein sich füllen mit der Empfindung von Haut auf Haut (Hand in Hand), Haut in Kontakt mit der Kleidung, mit dem Fußboden …

Einfaches Rad

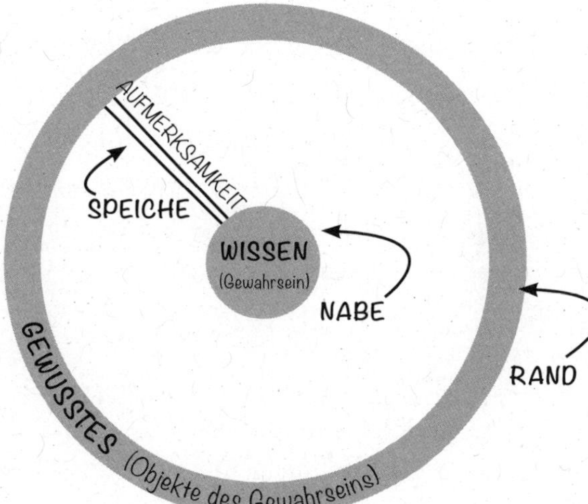

Sie nehmen einen tiefen Atemzug und stellen sich vor, wie die Speiche der Aufmerksamkeit zum nächsten Abschnitt auf dem Rand wandert, der das Körperinnere betrifft – die Empfindungen in Muskeln, Knochen und den inneren Organen. (Hier wird die zeitliche Dauer für jede erwähnte Körperpartie sicher variieren, von ein paar Sekunden bis etwa fünfzehn Sekunden.) Beginnen wir mit der Gesichtsregion; wir lassen die Empfindungen in den Muskeln und Knochen des Gesichts das Gewahrsein erfüllen, wobei wir mit der Aufmerksamkeit hoch zur Stirn und zum Scheitelpunkt wandern, dann an den Seiten hinunter, an den Ohren vorbei, und dann zu den Muskeln und Knochen von Hals und Nacken. Jetzt mit der Aufmerksamkeit zu den Schultern und dann beide Arme hinunter fließend zu den Fingerspitzen …

- nun mit der Aufmerksamkeit zum oberen Rücken und Brustkorb
- nun zum unteren Rücken und den Bauchmuskeln
- nun die Aufmerksamkeit auf die Empfindungen in den Hüften fokussieren
- nun die Aufmerksamkeit beide Beine hinunter fließen lassen bis in die Zehenspitzen.

Und nun die Aufmerksamkeit zum Beckenbereich bringen. Das Gewahrsein für die Empfindung in den Genitalien öffnen … nun Fokussierung der Aufmerksamkeit auf die Empfindungen im unteren Bauch, dabei ganz tief unten beginnend … nach oben Richtung Oberbauch und Magenregion gehen … und nun diesen »Bauchgefühlen« aufwärts folgen, durch die Brustmitte, sich öffnend für die Empfindungen in der Speiseröhre, die den Magen mit dem Hals und der Mundhöhle verbindet.

Nun übergehen zum Atemwegssystem, als Erstes hinter den Wangenknochen mit den Empfindungen in den Nasenhöhlen … dann zur Nase … und zum Mund … dann vorne am Hals hinunter zur Luftröhre, die Leben spendende Luft hinunter in die Lungen bringt, ins Innere des Brustkorbs … die Lungen zu beiden Seiten, die sich ausdehnen und zusammenziehen …

Nun lassen Sie den Fokus der Aufmerksamkeit zur Herzregion wandern und öffnen das Gewahrsein für die Empfindungen des Herzens.

Lassen Sie nun die Empfindungen aus dem gesamten Körperinneren Ihr Gewahrsein erfüllen, von Kopf bis Fuß. Die Wissenschaft hat mittlerweile gezeigt, was die Weisheitstraditionen der Welt schon lange wussten: dass es nämlich eine mächtige Quelle der Weisheit und Intuition ist, das Gewahrsein für die Empfindungen des Körpers zu öffnen, und so lade ich Sie ein, tief durchzuatmen (wobei Sie wissen, dass Sie jederzeit zurückkehren können zur Erforschung dieser sechsten Sinneswahrnehmung, der Wahrnehmung des Körperinneren) und dann die Speiche der Aufmerksamkeit zum nächsten Segment auf dem Rand weiterzurücken.

Die Speiche der Aufmerksamkeit fokussiert sich nun auf das dritte Segment des Randes, das Segment, das die mentalen Aktivitäten der Emotionen, Gedanken, Erinnerungen, Überzeugungen, Motivationen, Hoffnungen und Träume repräsentiert. Ich möchte Sie ermuntern, jedwede mentale Aktivität – Gedanken, Gefühle, Erinnerungen – in die Nabe des Gewahrseins gelangen zu lassen. Seien Sie offen für alles, was vom Rand aufsteigt – oder nicht aufsteigt. Es gibt kein Richtig oder Falsch. Es kann vieles kommen – oder gar nichts. Öffnen Sie einfach die Nabe für alles, was vom Rand der mentalen Aktivität aufsteigen könnte. Fangen wir jetzt in diesem Moment damit an (und machen es etwa anderthalb Minuten).

Wir bleiben in der Offenheit für alles, was vom Rand der mentalen Aktivität in die Nabe des Gewahrseins kommt, doch nun möchte ich Sie einladen, einmal speziell darauf zu achten, wie eine mentale Aktivität, zum Beispiel ein Gedanke, sich im allerersten Moment im Gewahrsein zeigt. Zeigt er sich plötzlich oder allmählich? Wenn er sich im Gewahrsein gezeigt hat, wie bleibt er präsent? Ist er fest? Vibriert er? Und wie verlässt diese mentale Aktivität, dieser Gedanke, diese Erinnerung oder Emotion das Gewahrsein wieder? Geht sie von einem bestimmten »Ort« weg? Plötzlich oder allmählich? Wird sie einfach von irgendeiner anderen Aktivität ersetzt, einem Gedanken, einem Gefühl, einer Erinnerung? Und wenn sie nicht sofort von einer anderen mentalen Aktivität ersetzt wird, wie fühlt sich die Lücke zwischen der einen und der nächsten Aktivität an? Studieren Sie die Funktionsweise Ihres mentalen Lebens, studieren Sie, wie sich eine mentale Aktivität als Allererstes dem Gewahrsein zeigt, dort präsent ist und es wieder verlässt. Fangen wir jetzt in diesem Moment damit an (und machen das etwa anderthalb Minuten).

(Anmerkung: Wenn Sie die komplette Bewusstseinsradübung machen würden, würden Sie an dieser Stelle das Zurückziehen oder Zurücklenken der Speiche in die Nabe machen, womit wir uns in einem späteren Kapitel beschäftigen werden.)

Holen Sie nun wieder tief Luft. Stellen Sie sich nun vor, wie Sie die Speiche der Aufmerksamkeit auf das vierte und letzte Segment des Randes bewegen. Das ist der Teil, der unseren Beziehungssinn repräsentiert, unsere Beziehungen zu anderen Menschen und der Welt außerhalb dieser Körper, in die wir hineingeboren wurden.

Während die Speiche der Aufmerksamkeit auf diesem vierten Segment des Randes ruht, dem Beziehungs-Segment, lassen Sie nun das Gefühl der Verbundenheit mit den Menschen, die Ihnen physisch am nächsten sind, Ihr Gewahrsein erfüllen, in diesem Moment. Dann öffnen Sie sich dem Gefühl der Verbundenheit mit Familie und Freunden, die nicht in der Nähe sind. Als Nächstes lassen Sie das Gefühl der Verbundenheit mit Menschen, mit denen Sie arbeiten – in der Schule, bei der Arbeit, in Ihrem sozialen Umfeld – das Gewahrsein erfüllen. Dann öffnen Sie sich dem Gefühl der Verbundenheit mit Menschen, die in Ihrer Nachbarschaft leben, dem Gefühl der Verbundenheit mit Menschen in Ihrem Umfeld … mit Menschen, die in Ihrem Dorf oder Ihrer Stadt leben, und dann … öffnen Sie sich für das Gefühl der Verbundenheit mit Menschen, die in Ihrer Gegend oder Ihrer Region leben … und mit Menschen, die in Ihrem Land leben … mit Menschen, mit denen Sie den Kontinent teilen. Und dann schauen Sie einmal, ob Sie Ihr Gefühl der Verbundenheit für alle Menschen öffnen können, die auf diesem kostbaren Planeten leben, an diesem Ort, den wir »die Erde« nennen.

Und nun schauen Sie, ob Sie das Gefühl der Verbundenheit auf alle Lebewesen auf der Erde ausdehnen können …

(In der kompletten Bewusstseinsradübung würden wir an dieser Stelle die Aussagen zur freundlichen Absicht einfügen.)

Und nun dürfen Sie gerne wieder zum Atem zurückfinden und die Wellen des Atems reiten, ein und aus. Und mit einem vielleicht etwas bewussteren und tieferen Atemzug erlauben Sie sich, die Augen langsam wieder zu öffnen, falls sie geschlossen waren, und damit lassen wir diese Bewusstseinsrad-Übung für heute zum Ende kommen.

Eine Mutter hat einmal, als ich ihr und ihrem Sohn diese Übung zeigte, zu mir gesagt: »Ich wusste gar nicht, dass ich mehr bin als Gedanken und Gefühle.« Zwischen Nabe und Rand zu unterscheiden war für sie eine revolutionäre Erfahrung, die sie fähig machte, sich auf reichere und vielfältigere Weise auf das Leben einzulassen.

GEWAHRSEIN »TO GO«:

Benennen: »Name it to frame it«

Ironischerweise entstehen einige unserer tiefgreifendsten Emotionen, ohne dass uns ihr Ursprung oder ihre Natur so ganz bewusst ist. Sie kommen einfach und gehen dann wieder. Ein Werkzeug, um die Fähigkeit zur Bewusstheit weiterzuentwickeln, ist dies: Sie halten im Moment einfach inne und fragen sich: »Was fühle ich?« Das Benennen von Emotionen – Traurigkeit, Verwirrung, Angst, Eifersucht, Liebe – hilft, präsenter zu sein im Leben und sich selbst tiefer zu verstehen. Wir können die Emotion sozusagen »einrahmen« wie ein Bild und uns die Zeit nehmen, die wir brauchen, um sie zu empfinden und tiefer zu verstehen. Sie wird uns mehr bewusst.

Tag 8 – Reflexion:

Ihre Erfahrung mit der Basis-Übung zum Bewusstseinsrad

Sie haben soeben die Basis-Übung zum Bewusstseinsrad beendet. Wie war das für Sie? War es anstrengend, die Aufmerksamkeit auf den verschiedenen Randsegmenten stabil zu halten? Wie war es, die Aufmerksamkeit – immer wieder – vom Zentrum des Rades wegzulenken, das Bewusstsein erfüllen zu lassen mit dem, was die Speiche herantragen wollte?

Tag 9 – Reflexion über die fünf Sinne

Im ersten Segment, den fünf Sinneswahrnehmungen: Wie haben sich Töne und Geräusche angefühlt? Hat sich die Qualität des Hörens verändert, als Sie in diesem Moment das Hören in den Fokus gerückt haben? Wie hat sich das Licht angefühlt, als Sie visuelle Empfindungen in den Fokus gerückt haben? Wie empfanden Sie Farben und Kontraste, als die visuelle Wahrnehmung sich herausdifferenzierte? Mit dem Geruchssinn im Fokus, wie fühlten sich Gerüche im Bewusstsein an? Waren sie schwerer oder leichter zu spüren als vorher die anderen Empfindungen? Wie war es, dann zum Geschmackssinn überzugehen? Stellten Sie fest, dass Ihr Mund oder Ihre Nase sich bewegten, um die Geschmacksempfindung zu steigern? Und wie war es, beim Empfinden des Tastsinnes Schritt für Schritt die Körperoberfläche »abzutasten«? Kamen Ihnen manche Bereiche empfindlicher vor als andere?

Viele Menschen bekommen Zugang zu einem intensiveren Erleben jedes einzelnen Sinnesstroms, wenn sie sich auf diese Weise Zeit nehmen, die fünf Sinne einzeln voneinander zu differenzieren. Mit ein bisschen Übung wird diese Fähigkeit, mit mehr Klarheit und Detailreichtum zu empfinden, Ihre alltägliche Lebensfreude steigern, wird mehr Intensität und Vergnügen, mehr Vitalität in Ihre alltäglichen Erlebnisse bringen.

Tag 10 – Reflexion über das zweite Segment des Bewusstseinsrades

Wie hat es sich angefühlt, als Sie beim Fokussieren auf das zweite Segment des Randes Ihre Aufmerksamkeit nach innen gewendet haben? Wie hat sich die Einladung angefühlt, sich auf die Empfindungen in Muskeln und Knochen zu fokussieren? Sind Ihnen vielleicht Empfindungen bewusst geworden, die Ihnen neu waren? Empfindungen existieren auch außerhalb des Bewusstseins, aber sie werden nur Teil unserer subjektiven Erfahrung, wenn wir sie ins Bewusstsein rücken (oder ziehen). Wie hat es sich angefühlt, mit der Aufmerksamkeit durch Muskeln und Knochen des gesamten Körpers zu wandern? Durch innere Organe, Eingeweide, die Atemorgane? Wie war es, die Aufmerksamkeit auf diese Empfindungen zu lenken? War es bei gewissen Bereichen schwieriger als bei anderen? Vergessen Sie nicht: Diese Praxis mag einfach sein, aber leicht ist sie nicht! Und manchmal kann es einem vorkommen, als würden sich bestimmte Körperempfindungen der Aufmerksamkeit geradezu verweigern oder wären irgendwie unangenehm. Hilfreich ist, sich immer wieder zu erinnern, freundlich zu sich selbst zu sein; geduldig und mit Verständnis dafür, dass wir alle verschieden sind und auch mit schwierigen Erfahrungen umgehen können. Statt solche Erfahrungen als Hindernisse zu sehen, könnten wir sie auch als Lernprozesse betrachten, in denen wir mehr über uns selbst erfahren; als Einladung, sich auf neue Art zu entwickeln und zu wachsen. Sich Zeit nehmen, hier oder in einem Tagebuch Dinge aufzuschreiben oder sie einem vertrauenswürdigen Menschen, dem Freund oder der Freundin, dem Therapeuten oder der Therapeutin, einem Familienmitglied anzuvertrauen – das können hilfreiche Schritte sein, wenn ein Thema ans Licht kommt, das für Sie besonders aufwühlend oder quälend ist.

Tag 11 – Reflexion: Auf das Herz fokussieren

In einigen Studien hat sich gezeigt, dass es den Geist beruhigt, die Aufmerksamkeit auf den Herzbereich zu fokussieren, weil er die Kontrolle unseres Gehirns über das sogenannte »autonome Nervensystem« koordiniert, sogar, wenn man den Herzschlag selbst gar nicht spürt. Sich der Zyklen des Atems bewusst zu werden, kann dieselbe Wirkung haben, wie wir in der ersten Woche gesehen haben. Die wissenschaftliche Forschung hat gezeigt, dass wir durch diese Aspekte des Körper-Gewahrseins ausgeglichener mit dem umgehen können, was sozusagen Gas und Bremse des Gehirns ist, sodass wir lernen, unser »Körperauto« sanfter und umsichtiger zu steuern. Würden Sie gleichzeitig auf Gas und Bremse treten? Nein – Sie würden diese klar unterschiedlichen Funktionen des Beschleunigens und Abbremsens natürlich koordiniert betätigen. Sich auf die Herzregion oder den Atem zu fokussieren schenkt uns Balance und Koordination im Körper und hilft, den Geist zu stabilisieren. Wenn Sie jetzt auf die heutige Bewusstseinsrad-Praxis zurückschauen, haben Sie da Momente bemerkt, in denen Sie sozusagen »langsamer wurden« und all die vielen Schichten Ihres Erlebens in jedem Moment bewusster erleben konnten, ohne gestresst oder aufgewühlt zu sein? *Interozeption* ist die – bewusste oder unbewusste – Sinneswahrnehmung für den Zustand des Körperinneren. Viele Studien deuten darauf hin, dass Menschen mit größeren interozeptiven Fähigkeiten auch zu größerer Einsicht und Empathie sowie emotionaler Ausgeglichenheit und Intuition fähig sind. Diese Fähigkeiten des Körperbewusstseins zu stärken ist also ein direkter Weg zu tieferem Eintauchen in unser Innenleben und unsere Beziehungen.

Tag 12: Die Aufmerksamkeit auf dem Geist ruhen lassen

Wie war es heute für Sie, der Dynamik mentaler Aktivität besondere Aufmerksamkeit zu zollen – wie etwas entsteht, da ist und das Bewusstsein dann wieder verlässt? Das kann für viele eine besondere Herausforderung sein, denn anscheinend beinhaltet es zum einen eine Offenheit für alles, was entsteht (so wie im ersten Teil des Überblicks über dieses Segment), aber außerdem auch einen speziellen Blick auf die Natur dieses Kommens und Gehens. Für manche ist die Lücke zwischen mentalen Aktivitäten besonders faszinierend, denn dieser Zwischenraum zwischen, sagen wir mal, zwei Gedanken oder Erinnerungen oder Emotionen hat eine sehr ungewöhnliche Eigenschaft, derer sich plötzlich bewusst zu werden für viele Menschen neu ist. Für viele, die eine Meditation oder kontemplative Praxis wie das Bewusstseinsrad noch nie erlebt haben, kann es ziemlich aufschlussreich sein, sich der subtileren Details mentaler Aktivität bewusst zu werden. Sehr oft dürften wir bisher ja erlebt haben, dass eine bestimmte mentale Aktivität in unserem Bewusstsein dominierend ist, als ein Geplapper geistiger Aktivität, als unaufhörlicher Strom der Gedanken, und wir hatten nie einmal die Gelegenheit zu erleben, dass wir eigentlich mehr sind als das Geplapper im Kopf. Mit diesem Überblick über das dritte Segment zeichnet sich eine neue Erfahrung offenen Gewahrseins – die Nabe – noch klarer gegen die Elemente auf dem Rand ab. Für viele ist diese neue Bewusstheit buchstäblich bewusstseinserweiternd, ja lebensverändernd – vielleicht auch atemberaubend (obwohl sie einem ja den freien Atem schenkt). Das ist der Anfang eines Prozesses, in dem sich das Wahrnehmen und die wahrgenommenen Inhalte immer klarer voneinander zu unterscheiden beginnen.

Tag 13 – Den »Beziehungssinn« auf dem vierten Randsegment in Besitz nehmen

Als Sie heute Ihre Aufmerksamkeit auf das vierte Randsegment gerichtet haben, wie hat sich dieser Beziehungssinn, der achte Sinn, für Sie angefühlt? Wie war es, die Aufmerksamkeit auf die mentale Aktivität gehen zu lassen und den Fokus auf die Verbundenheit mit anderen zu verlagern? Dieser achte Sinn, der Beziehungssinn, ist für manche ziemlich verwirrend, weil sie nicht genau wissen, auf was sie sich da eigentlich fokussieren. Für andere wiederum entsteht dabei ein tiefes Gefühl der Liebe, des Friedens, der Güte und der Verbundenheit, und sie weinen Tränen der Freude und Dankbarkeit. Wie immer Sie es erleben – es ist, wie es ist. Wie war es heute?

Tag 14 – Ihr Bewusstseinsrad abbilden

Ich möchte Sie einladen, auf dem frei gelassenen Platz unten für jedes der Segmente des Bewusstseinsrades zwei Listen anzulegen; vielleicht benutzen Sie dafür Stifte in verschiedenen Farben. Erstens: Was kam Ihnen in den Sinn, als Sie in der heutigen Meditation das Segment der Sinneswahrnehmungen durchgegangen sind? Schreiben Sie dann als Nächstes auf, auf welchen Sinneseindrücken Ihr Geist an einem typischen Tag mit typischen Aktivitäten meistens verweilt – Töne, Bilder, Gerüche, Geschmackseindrücke, Berührungen. Zum Beispiel der Duft des Kaffees, wenn Sie morgens den ersten Schluck trinken, oder die Rufe der Kinder, die auf der Straße vor Ihrem Haus spielen. Im folgenden Reflexions-Abschnitt könnte es sinnvoll sein aufzuschreiben, welche Ähnlichkeiten und Unterschiede es zwischen den Sinneserfahrungen während der Bewusstseinsrad-Übung und während des Alltags gibt. Wurden die Unterschiede stärker oder schwächer, während Sie diese zweite Woche absolvierten und Ihre Praxis vertieften?

Bewusstseinsrad

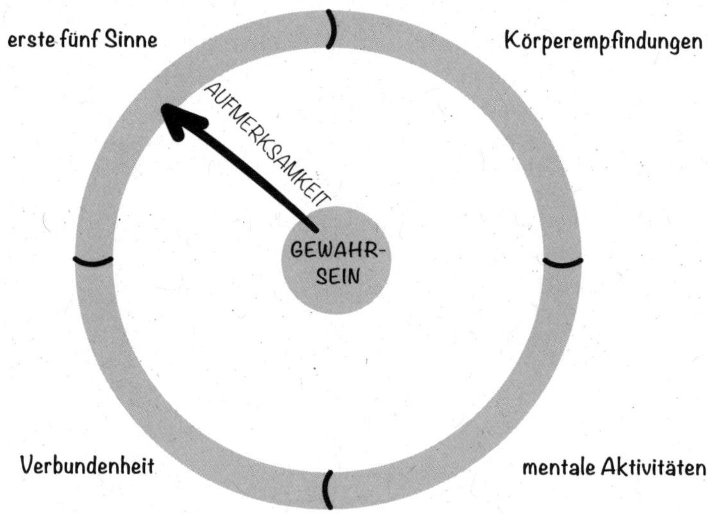

Eindrücke: ______________________________

DRITTE WOCHE

Das vollständige Bewusstseinsrad

Willkommen zur letzten Woche dieser Einführung in die Praxis des Bewusstseinsrads!

Wir werden die Übung nun zum vollständigen Bewusstseinsrad erweitern. Ich möchte Sie ermutigen, diese Woche die Übung jeden Tag zu machen. Lesen Sie jeden Tag, bevor Sie anfangen, die unten stehende Anleitung und versuchen Sie, sie sich einzuprägen. Dieser Abschnitt enthält zwei freie Seiten für die Reflexion über jeden Tag und dazu eine tägliche Übung, die Ihnen helfen soll, Ihre Bewusstseinsrad-Praxis zu vertiefen. Alternativ können Sie sich im Arbor Online Center unter diesem Link www.arbor-online-center.de/begleitmaterial eine gesprochene Anleitung der Übung anhören. Geben Sie dafür diesen Code ein: ds22bw.

Das vollständige Bewusstseinsrad

Die Anleitung zum vollständigen Bewusstseinsrad sieht folgendermaßen aus:

1. ATEM: Beginnen Sie mit dem Atem, um die Aufmerksamkeit zu verankern und sich für die Praxis zu erden.
2. ERSTES RANDSEGMENT, DIE ERSTEN FÜNF SINNE: Lösen Sie sich vom Atem und fokussieren Sie sich jetzt auf das erste Segment des Randes – die ersten fünf Sinne, also nacheinander auf Hören, Sehen, Riechen, Schmecken und Berühren.
3. ZWEITES RANDSEGMENT, INTEROZEPTION: »Interozeption« ist der Sinn, den wir, bewusst oder unbewusst, für den inneren Zustand des Körpers haben. Holen Sie tief Luft, rücken Sie mit der Speiche auf das zweite Segment des Randes, das für die inneren Signale des Körpers steht, und scannen Sie das Innere Ihres Körpers. Lassen Sie die Speiche der Aufmerksamkeit systematisch durch den Körper wandern, wobei Sie mit den Empfindungen in den Muskeln und Knochen der Gesichtsregion beginnen, dann weitergehen und sich nacheinander den Empfindungen in Kopf, Hals, Schultern, Armen, oberem Rücken und Brustkorb, unterem Rücken und Bauchmuskeln, Hüften, Beinen und Beckenbereich widmen. Danach gehen Sie zu den Empfindungen in Genitalien, Bauch, Atemorganen, Herz und dem Körper als Ganzes über.
4. DRITTES RANDSEGMENT, MENTALE AKTIVITÄT: Nehmen Sie einen tiefen Atemzug und rücken mit der Speiche auf das dritte Segment des Randes, das für mentale Aktivität steht. Erster Teil: Lassen Sie jedwede mentale Aktivität – Gefühl, Gedanke, Erinnerung, egal was – ins Bewusstsein gelangen. Vieles kommt auf oder gar nichts; wie auch immer, es ist in Ordnung. Zweiter Teil: Lassen Sie wieder alles ins Bewusstsein gelangen, achten Sie jetzt aber besonders darauf, wie eine mentale Aktivität beginnt, da ist und dann das Bewusstsein wieder verlässt. Falls eine

mentale Aktivität nicht sofort von der nächsten ersetzt wird: Wie fühlt sich die Lücke dazwischen an?

5. NABE-IN-DER-NABE, DAS WAHRNEHMEN WAHRNEHMEN: Bevor wir die Speiche der Aufmerksamkeit weiterschieben auf das vierte und letzte Segment des Randes, wollen wir die Nabe selbst erforschen. Mit anderen Worten: Wir stärken unsere Fähigkeit, uns des Wahrnehmens bewusst zu sein; schlicht und einfach bewusst wahrzunehmen, ohne etwas Bestimmtes im Blick zu haben. Dies lässt sich erreichen, indem man sich vorstellt, die Speiche der Aufmerksamkeit zurückzubiegen, sodass sie wieder in die Nabe mündet; vielleicht ziehen Sie auch das Bild vor, dass die Speiche sich in die Nabe zurückzieht oder dass sie erst gar nicht ausgefahren wird. Oder dass gar keine Speiche da ist, nur die offene Nabe. Egal, welches Bild für Sie das passende ist, die Grundidee für diesen Teil der Übung ist die gleiche: Das Wahrnehmen selbst wahrnehmen; sich in die Nabe fallen lassen und einfach bewusst sein (am Anfang vielleicht eine Minute oder so, später vielleicht zwei oder drei Minuten). Finden Sie dann zum Atem zurück und reiten Sie die Wellen des Atems, ein und aus. Und dann können Sie sich bereitmachen, die Speiche wieder auszufahren und auf das vierte und letzte Randsegment zu rücken, den Beziehungssinn.

6. VIERTES RANDSEGMENT, DER BEZIEHUNGSSINN: In diesem Abschnitt über das letzte Randsegment untersuchen wir unsere Beziehungen zu anderen Menschen und Dingen außerhalb dieses Körpers, in dem wir geboren wurden. Beginnen wir mit einem Gefühl für die Beziehung zu denen, die Ihnen physisch am nächsten sind. Als Nächstes öffnen Sie sich für die Beziehung zu Freunden und Familie; für die Beziehung zu Menschen, mit denen Sie arbeiten; zu Menschen, die in Ihrer Wohngegend leben; die in Ihrem sozialen Umfeld leben ... in Ihrer Stadt ... Öffnen Sie sich einem Gefühl der Verbundenheit mit Menschen in

Ihrer Gegend, in Ihrer Region … mit Menschen in Ihrem Land … Nun öffnen Sie sich einem Gefühl der Verbundenheit mit allen Menschen, die auf der Erde leben; und dann schauen Sie, ob Sie dieses Gefühl der Verbundenheit auf alle Lebewesen auf der Erde ausweiten können …

7. DIE FREUNDLICHE ABSICHT BEKRÄFTIGEN: Die Forschung hat festgestellt, was die Weisheitstraditionen der Welt schon lange wissen – dass nämlich das Kultivieren von geistigen Haltungen wie Freundlichkeit, Fürsorge, Empathie und Mitgefühl positive Veränderungen in unserem Innenleben und in unseren Beziehungen bewirken kann. Vor diesem Hintergrund lade ich Sie ein, die folgenden Sätze im Inneren, im Geiste still zu wiederholen. Am Anfang stehen kurze, elementare Bekundungen der Freundlichkeit und Güte, die dann etwas ausführlicher formuliert werden.

   Mögen alle Lebewesen glücklich sein …
   Mögen alle Lebewesen so gesund sein wie nur möglich …
   Mögen alle Lebewesen sicher sein …

   Mögen alle Lebewesen blühen und gedeihen.

Nehmen Sie jetzt einen tiefen Atemzug und schicken Sie genau dieselben Wünsche, ein bisschen ausführlicher formuliert, an das innere Gefühl Ihrer selbst, Ihr »Ich«:

> Möge ich glücklich sein und mit Gelassenheit, Verbundenheit und Sinn leben; mit einem spielerischen, dankbaren und freudigen Herzen.
>
> Möge ich so gesund sein wie möglich und einen Körper haben, der mir Energie und Geschmeidigkeit, Stärke und Stabilität schenkt.

Möge ich sicher sein, geschützt vor allen äußeren und inneren Gefahren.

Möge ich blühen und gedeihen und mit Leichtigkeit und Wohlbefinden leben.

Nun nehmen wir wieder einen tiefen Atemzug und schicken dann diese Wünsche an ein umfassendes Gefühl davon, wer wir sind. Indem wir unser inneres »Ich« mit einem gegenseitig verbundenen »Wir« kombinieren, fahren wir jetzt mit den Bekundungen von Freundlichkeit und Güte für dieses »Ich-Wir« fort:

Mögen Ich-Wir glücklich sein und mit Gelassenheit, Verbundenheit und Sinn leben; mit einem spielerischen, dankbaren und freudigen Herzen.

Mögen Ich-Wir so gesund sein wie möglich und einen Körper haben, der uns Energie und Geschmeidigkeit, Stärke und Stabilität schenkt.

Mögen Ich-Wir sicher sein, geschützt vor allen äußeren und inneren Gefahren.

Mögen Ich-Wir blühen und gedeihen und mit Leichtigkeit und Wohlbefinden leben.

Ich lade Sie ein, wieder zum Atem zurückzufinden und die Wellen des Atems zu reiten, ein und aus.

Öffnen Sie nun langsam die Augen, falls sie geschlossen waren, und damit beschließen wir diese Bewusstseinsrad-Übung.

GEWAHRSEIN »TO GO«:

Monkey Mind – der Affe im Kopf

Viele Meditationslehrer, aber nicht nur sie, sprechen immer wieder vom »monkey mind«, dem »Affen im Kopf« – dem geschäftigen, hektischen Geist, der ständig am Plappern ist und es einem schwer macht, fokussiert und zentriert zu bleiben. Ich finde den »Affen im Kopf« eine sehr hilfreiche Metapher für das Geplapper des Geistes, weil sie mir eine gewisse liebevolle Nachsicht gegenüber dieser Tendenz zur Sprunghaftigkeit erlaubt. Affen sind nämlich ziemlich entzückende Gesellen! Also, wenn Sie sich das nächste Mal von Gedanken und Emotionen förmlich überschwemmt fühlen, dann nehmen Sie sich einen Moment Zeit, nachsichtig mit sich zu sein und Ihrem großartigen Affen im Kopf ein liebevolles Lächeln zu schenken.

Tag 15 – Reflexion über die heutige Bewusstseinsrad-Praxis

Wie haben Sie sich gefühlt, als Sie heute von der Grundübung des Rades zur vollständigen Übung weitergegangen sind? Haben Sie bemerkt, dass Sie weniger abgelenkt waren? Ist Ihnen etwas Unerwünschtes in den Sinn gekommen? Bilder? Worte? Gefühle oder Emotionen?

Tag 15 – Übung und Kontemplation: Mit fokaler und nicht-fokaler Aufmerksamkeit arbeiten

Übung:

Eine wichtige Unterscheidung zwischen verschiedenen Formen der Aufmerksamkeit ist die Feststellung, ob der Energiefluss, der im Fokus der Aufmerksamkeit steht, das Gewahrsein erreicht oder nicht. Wenn der Fokus der Aufmerksamkeit das Gewahrsein mit umfasst, nennen wir sie »fokale Aufmerksamkeit«; wenn nicht, ist es »nicht-fokale Aufmerksamkeit«. Um diesen Unterschied besser zu verstehen, versuchen Sie doch mal eine Minute lang folgende kleine Übung: Bewegen Sie sich einfach in dem Raum umher, in dem Sie sich gerade befinden. Registrieren Sie dabei, wessen Sie sich bewusst sind, während Sie empfinden und beobachten, was vor Ihren Augen liegt; was Sie mit den Füßen (oder Händen, falls Sie in einem Rollstuhl sitzen) spüren; oder, falls Sie blind sind, was Sie mit Ihrem Stock oder den Händen spüren, während Sie sich bewegen. Nehmen Sie so viele Signale wie möglich aus der Außenwelt auf und bringen Sie sie ins Gewahrsein. Das ist das Wahrnehmen des Gewahr-Seins, und die wahrgenommenen Inhalte sind das, dessen Sie sich gewahr sind. Mit anderen Worten: Seien Sie sich Ihrer Umgebung gewahr, so viel Sie nur können. Richten Sie den »Scheinwerfer der Aufmerksamkeit« wie eine Taschenlampe auf einem dunklen Weg auf so vieles wie möglich, während Sie sich durch den Raum bewegen.

Der Scheinwerfer der Aufmerksamkeit ist Ihre zielgerichtete mentale Fähigkeit, den Energiefluss ins Gewahrsein zu bringen und zu fokussieren. Das ist fokale Aufmerksamkeit, die das Gewahrsein mit verschiedenen Aspekten des Im-Raum-Herumgehens erfüllt. Gleichzeitig, das haben Studien gezeigt, richtet Ihr Geist einen wahrscheinlich umfassenderen Lichtkegel der Aufmerksamkeit auf viele Aspekte Ihres Erlebens, die gar nicht ins Gewahrsein gelangen. Das nennen wir »nicht-fokale Aufmerksamkeit«. Zum Beispiel haben Sie auf diesem Weg durch den Raum nicht-fokal auf Ihr Gleichgewicht geachtet, damit Sie nicht hinfallen, und Sie haben aufgepasst, dass Sie nicht irgendwo dagegen stoßen. Vielleicht haben Sie auch festgestellt, dass Sie während dieser Übung in einen Gedanken oder eine Erinnerung vertieft waren. In dem Moment lag Ihre fokale Aufmerksamkeit auf diesen mentalen Prozessen und nicht mehr auf Ihrer Umgebung. Aber Sie sind nicht hingefallen und auch nirgendwo dagegen gestoßen, weil Ihre nicht-fokale Aufmerksamkeit sich um diese potenziellen Gefahren und Ihre Sicherheit gekümmert hat – auch ohne dass Sie es wussten. Unser nicht-bewusster Geist hat einen tiefgreifenden Einfluss auf unser Verhalten und darauf, wie wir uns fühlen und wie wir denken – auch wenn wir uns dieser Einflüsse nicht-fokaler Aufmerksamkeit auf unser Seelenleben nicht bewusst sind.

Reflexion:

Wenn Sie über diese Übung nachdenken, denken Sie einmal an andere Szenarien, in denen Sie sich Ihrer Umgebung sowohl gewahr als auch nicht gewahr sind. Zum Beispiel: Sie gehen einen Wanderweg entlang und achten auf die Steine auf dem Weg vor Ihnen, wobei Sie die Steine, die Sie im Moment unter den Füßen haben, außer Acht lassen. Aufmerksamkeit hilft zu überleben; sie hilft Ihnen, Ihre Schritte durch die Welt zu lenken, in der Sie leben. Wenn Sie nicht achtgeben würden, fokal oder nicht-fokal, könnten Sie stolpern und hinfallen. Wenn Sie achtgeben, ist es wahrscheinlicher, dass Sie überleben und gedeihen.

Tag 16 – Reflexion über die heutige Praxis

In der Übung des Bewusstseinsrades gibt es von Tag zu Tag subtile Veränderungen. Reflektieren Sie, welche Unterschiede es zwischen der gestrigen und der heutigen Praxis gegeben hat.

Tag 16 – Übung & Reflexion: Aufmerksamkeit und Gewahrsein beobachten

Unsere Tage sind voll mit einerseits gesteuerter, andererseits aber erzwungener Aufmerksamkeit. Manchmal wählen wir selbst, worauf wir die Aufmerksamkeit richten wollen, und manchmal ziehen Situationen in der Außenwelt unsere Aufmerksamkeit in eine bestimmte Richtung und richten den Scheinwerfer dorthin. Interessanterweise brauchen wir sowohl die selbstgesteuerte als auch die von außen gesteuerte Aufmerksamkeit, und wir brauchen sowohl fokale als auch nicht-fokale Aufmerksamkeit. Stellen wir uns doch kurz wieder unseren steinigen Wanderweg vor. Wir müssen unsere Aufmerksamkeit bewusst auf den Weg selbst richten, damit wir nicht stolpern und hinfallen. Aber wenn uns plötzlich ein Bär über den Weg läuft, muss es auch möglich sein, dass unsere Aufmerksamkeit sich von dieser neuen Tatsache anziehen lässt (und zwar schnell!). Während wir unseren Weg durch diese Welt suchen, müssen wir in puncto »selbstgesteuerte versus außengesteuerte Aufmerksamkeit« flexibel sein. Und doch ist es so, dass in unserem alltäglichen Erleben – mit anderen Worten, wenn uns kein Bär über den Weg läuft – unsere Salienzüberwachung automatisch evaluiert, was für uns bedeutsam genug ist, in jedem neuen Moment als Fokus der Aufmerksamkeit zu dienen. Und dies passiert normalerweise so, dass uns überhaupt nicht bewusst ist, dass der nicht-bewusste Geist diese Evaluierungen ständig vornimmt.

Hier ist ein Beispiel, um diesen wichtigen Unterschied zu illustrieren. Stellen Sie sich vor, Ihnen geht ein unangenehmes Gespräch nicht mehr aus dem Kopf, das Sie vor einer Woche mit einem Freund oder einer Freundin hatten. Sie merken es nicht einmal, aber Gefühle der Traurigkeit oder Wut, die während dieses Gespräches vielleicht entstanden, können jetzt ganz leicht wieder ausgelöst werden, weil die Salienzüberwachung Sie ermutigt, jedes Szenario, das gefühlsmäßig intuitiv mit diesem aufwühlenden Gespräch zusammenhängt, als bedeutsam einzustufen. Diese Emotionen sind wegen des vorangegangenen Streitgesprächs jetzt relevanter geworden, oder aktiver, sozusagen »vorgebahnt« (»primed«) – auch wenn sie Ihnen im Moment nicht bewusst sind.

Dieses Beispiel einer Meinungsverschiedenheit hilft ein wenig, die Unterscheidung zwischen Bewusst-Sein und Aufmerksamkeit zu verdeutlichen. Unsere nicht-fokale Aufmerksamkeit ist ständig aktiv. Das ist einfach die Art und Weise, wie unser Geist wichtige Dinge verfolgt und verarbeitet, ohne die relativ begrenzte mentale Kapazität des bewussten Gewahr-Seins in Anspruch zu nehmen. Diese mentale Kapazität des Wahrnehmens, der subjektiven Erfahrung des bewussten Gewahr-Seins, kann zu einem gegebenen Zeitpunkt immer nur mit wenigen Informationen operieren – eine Art Wandtafel des Geistes (manchmal *Arbeitsspeicher* genannt), die uns erlaubt, mit Informationen zu operieren und sie gezielt neu zu kombinieren. Trotzdem ist die Informationsverarbeitung nicht auf das Bewusstsein angewiesen, und deshalb können wir imaginieren, kalkulieren und mit Problemlösungen aufwarten, ohne diesen begrenzten Arbeitsspeicher zu belegen. Eben um dessen Überlastung zu vermeiden, steuert unsere nicht-fokale Aufmerksamkeit den Energie- und Informationsfluss ohne unser bewusstes Gewahr-Sein. Die Steuerung dieser Informationsverarbeitung wird immer noch vom Geist vorgenommen; nur ist sie eben nicht Teil unserer bewussten subjektiven Erfahrung des Wahrnehmens, des Gewahr-Seins.

Die gute Nachricht dabei ist: Sie können lernen, diese verschiedenen Aspekte der Aufmerksamkeit zu spüren, seien sie nun selbstgesteuert oder aber von Dingen gesteuert, die nicht von Ihnen gelenkt werden; oder ob das Gewahr-Sein daran beteiligt ist; oder ob sie fokal oder nicht-fokal sind. Dieses Lenken von Energie und Information ist *Aufmerksamkeit. Gewahr-Sein* ist das subjektive Erleben des Wahrnehmens im Bewusstsein. Wahrnehmend »wissen« wir, was in uns und außerhalb von uns vor sich geht, wobei dieses »Wissen« nicht Faktenwissen ist, sondern eine subjektiv gefühlte Textur des sich entfaltenden Moments. Wir können den Zugang zu einem offeneren Erleben des Gewahr-Seins kultivieren, und diese Fähigkeit zu bewusster Wahl und Veränderung gibt uns die Kraft, flexibel und in bewusster Motivation alle Seiten unseres Wesens immer mehr im Leben zu integrieren. Den Geist zu trainieren heißt einzig und allein, diese Fähigkeiten zur Aufmerksamkeit, zum Gewahr-Sein, zur intentionalen Motivation aufzubauen.

Reflexion:

Heute lade ich Sie ein, über irgendetwas nachzudenken, bei dem Sie heute oder kürzlich festgestellt haben: Ihr Gewahr-Sein enthielt Inhalte, die nicht direkt von der Szene oder Situation inspiriert waren, die Ihnen vor Augen lag. Vielleicht ein Moment der Traurigkeit aus der Vergangenheit, der Ihren Blick auf das Jetzt färbte? Ein Gefühl der Irritation, das angesichts der tatsächlichen Situation, in der Sie sich befanden, unangemessen erschien? Woher kam das? Vielleicht hilft es Ihnen in den künftigen Wochen, Monaten und Jahren, in denen Sie die positiven Wirkungen der Bewusstseinsrad-Praxis im Alltag etablieren, sich eine Reflexion dieser Art zur täglichen Gewohnheit zu machen.

Der nicht-bewusste Geist hat einen starken Einfluss auf unser Verhalten, Fühlen und Denken, auch wenn wir uns dieser Einflüsse der nicht-fokalen Aufmerksamkeit auf unser Seelenleben nicht bewusst sind.

Tag 17 – Reflexion über die heutige Praxis

Als Sie heute das Beziehungs-Segment des Rades durchgegangen sind, ist Ihnen da eine bestimmte Person (oder mehrere Personen) eingefallen? Wer? Wie würden Sie die Emotionen beschreiben, die auftauchten, als Sie Ihre fokale Aufmerksamkeit auf diese Person(en) richteten und Ihr Bewusst-Sein für sie öffneten?

Tag 17 – Übung: Verzeihen

Heute möchte ich Sie ermutigen, sich Zeit zu nehmen für eine zusätzliche Meditation, mit der Sie den Teil »Freundliche Absicht« der Bewusstseinsrad-Praxis, die Sie heute gemacht haben, noch etwas erweitern können. Diesmal liegt der Fokus darauf, einem Schmerz oder einer Verletzung, die Ihnen jemand in der Vergangenheit zugefügt hat, Vergebung entgegenzubringen; und dann, dass Sie sich selbst um Verzeihung bitten, wenn Sie etwas getan haben sollten, das einen anderen verletzt oder geschädigt hat. Verzeihen heißt nicht, zu sagen, dass das Geschehene richtig oder gut war; Verzeihen heißt, wie mein Kollege und Freund Jack Kornfield einmal formuliert hat, alle Hoffnung auf eine bessere Vergangenheit aufzugeben. Wenn Sie sich jetzt die Zeit nehmen, jemand anderem oder sich selbst zu verzeihen, können Sie folgende Sätze im Geiste zu sich selber sagen oder leise sprechen:

Nehmen Sie einen tiefen Atemzug und sagen Sie:

> Mögen alle Lebewesen glücklich sein …
> Mögen alle Lebewesen so gesund sein wie nur möglich …
> Mögen alle Lebewesen sicher sein.
>
> Und mögen alle Lebewesen blühen und gedeihen.

Als Nächstes atmen Sie tief durch und sagen zu dem Menschen, dem Sie Vergebung entgegenbringen wollen:

> Mögest du glücklich sein …
>
> … und mit Gelassenheit, Verbundenheit und Sinn leben …
> mit einem spielerischen, dankbaren und freudigen Herzen.
>
> Mögest du so gesund sein wie möglich …
>
> Und dein Körper dir Energie und Geschmeidigkeit, Stärke und Stabilität schenken.

Mögest du sicher sein …

Und geschützt vor allen äußeren und inneren Gefahren.

Mögest du blühen und gedeihen …

Und mit Leichtigkeit und Wohlbefinden leben …

Erlaube dir nun zum Schluss, dir selbst etwas zu verzeihen, was du getan oder gesagt hast und was einem anderen Menschen wehgetan hat.

Möge ich glücklich sein …

Und mit Gelassenheit, Verbundenheit und Sinn leben … und mit einem spielerischen, dankbaren und freudigen Herzen.

Möge ich so gesund sein wie möglich …

Und mein Körper mit Energie und Geschmeidigkeit schenken, Stärke und Stabilität.

Möge ich sicher sein …

Und geschützt vor allen äußeren und inneren Gefahren.

Und möge ich blühen und gedeihen …

Und mit Leichtigkeit und Wohlbefinden leben.

Tag 18 – Reflexion über die heutige Praxis

Haben Sie in der heutigen Bewusstseinsrad-Praxis, während Sie die Aufmerksamkeit auf mentale Aktivitäten auf dem dritten Randsegment gelenkt haben, irgendwelche »Lücken« zwischen zwei Aktivitäten bemerkt? Wie hat sich dieser Zwischenraum angefühlt? Können Sie ihn beschreiben? Oder vielleicht sogar zeichnen?

Tag 18 – Sich mit dem kollektiven »Ich-Wir « verbinden

Unser Selbst ist nicht nur das, was im Innenleben des Körpers existiert – das »Ich«, das wir sind. Wir sind auch Teil eines vernetzten Ganzen, Teil eines relationalen »Wir«. Aber wie können wir dieses ausdifferenzierte körperliche »Ich« und das relationale »Wir« integrieren? Integrieren heißt, die Unterschiede zu würdigen und sie dann in Mitgefühl und Respekt zu verbinden. Wenn wir »ich« und »wir« integrieren, entsteht eine integrierte Identität, die wir mit einem neuen Begriff benennen können: »Ich-Wir«. Hier ist, als Erweiterung der heutigen Bewusstseinsrad-Praxis, eine zusätzliche kurze Meditation, die Ihr Gewahr-Sein auf das kollektive Ich-Wir fokussiert. Probieren Sie sie einmal fünf oder zehn Minuten aus.

Suchen Sie sich einen bequemen Platz zum Sitzen oder Liegen, wo Sie sich auf den Atem fokussieren können. Lassen Sie nun den Fokus Ihrer visuellen Aufmerksamkeit über den Körper wandern – die Quelle Ihrer inneren Identität als »Ich«. Lassen Sie dann Ihre visuelle Aufmerksamkeit weiter werden, sodass Sie die Umwelt aufnehmen können – andere Menschen in der Nähe zum Beispiel; das Zimmer; oder die Natur (wenn Sie im Freien sind). Lassen Sie nun Ihren Geist die Bilder von all den Menschen aufnehmen, die Sie kennen, und dann von allen menschlichen Wesen, bis hin zur gesamten Menschheitsfamilie. Erweitern Sie diesen Blickwinkel der Identität, lassen Sie Ihre relationale Zugehörigkeit immer umfassender werden und schauen Sie, ob Sie spüren können, dass Sie ein Teil der Gesamtheit der Natur sind – Sie gehören zu allen Menschen und zum Planeten dazu! Ihre innere Identität heißt »Ich«, Ihre relationale Identität heißt »Wir«, und zusammengenommen lautet Ihre integrierte Identität: Ich plus Wir ergibt Ich-Wir.

Nun, da Sie das Objektiv Ihres Geistes sozusagen immer weiter aufgezogen haben, von einer Nahaufnahme Ihrer Identität bis zur Weitwinkel-Perspektive, können Sie dieses innere und relationale Selbst nach innen verlagern und dem Ich-Wir positive Wünsche mit freundlicher Absicht entgegenbringen. Sprechen Sie folgende Sätze laut oder sagen Sie sie still im Geiste, während Sie tief atmen:

Mögen Ich-Wir glücklich sein ...

Und mit Gelassenheit, Verbundenheit und Sinn leben …
und einem spielerischen, dankbaren und freudigen Herzen.

Mögen Ich-Wir so gesund sein wie möglich …

Und unser Körper uns Energie und Geschmeidigkeit schenken
… Stärke und Stabilität.

Mögen Ich-Wir sicher sein ...

Und geschützt vor allen äußeren und inneren Gefahren.

Mögen Ich-Wir blühen und gedeihen …

Und mit Leichtigkeit und Wohlbefinden leben.

Reflexion:

Wie hat es sich angefühlt, Ihren Identitäts-Blickwinkel zu erweitern und auf das kollektive Ich-Wir einer integrierten Identität und breiteren Zugehörigkeit zu fokussieren? Sind Ihnen irgendwelche Gesichter in den Sinn gekommen, von Menschen, die Sie kennen oder von denen Sie gehört haben? Hat sich Ihr Herz zu irgendeiner Menschengruppe hinbewegt, einer, zu der Sie gehören, oder einer, von der Sie gelesen oder die Sie im Fernsehen gesehen haben? Wie hat sich das »Ich-Wir« für Sie angefühlt?

Tag 19 – Reflexion über die heutige Praxis

Tag 19 – Übung: Offenes Gewahrsein

Übung:

Heute lade ich Sie ein, einmal ganz tief in die Nabe selbst einzutauchen. Und zwar fügen Sie, als Teil Ihrer heutigen Bewusstseinsrad-Übung, den Schritt hinzu, sich vorzustellen, dass Sie die Speiche der Aufmerksamkeit um 180 Grad biegen, sodass die Aufmerksamkeit direkt auf die Nabe selbst gerichtet ist. Manchen hilft auch die Vorstellung, die Speiche der Aufmerksamkeit ein bisschen herauszuschieben und sie dann wieder in die Nabe zurückzuziehen. Manche stellen sich auch vor, die Speiche der Aufmerksamkeit einfach in der Nabe zu lassen oder gar keine Speiche zu haben und in der wissend-wahrnehmenden Nabe des Rades zu verweilen. Was auch immer für Sie am besten funktioniert, die Idee ist immer die gleiche: die Nabe des Rades zu öffnen für die Erfahrung, sich des Gewahrseins gewahr zu werden; sich einfach ins reine Gewahrsein fallen zu lassen; einfach gewahr zu sein. Fangen wir doch gleich an und machen drei bis fünf Minuten lang diese Übung.

Reflexion:

Wie war diese Nabe-in-der-Nabe-Erfahrung für Sie? Viele meiner Patienten und Workshop-Teilnehmer fanden sie seltsam, zumindest am Anfang. War es verunsichernd oder verwirrend für Sie? Manche haben einfach ein Gefühl, sich irgendwie verirrt zu haben, weggetreten zu sein, nicht zu wissen, was sie tun sollen. Kein Grund zur Sorge. In vielerlei Hinsicht ist dieser Schritt, das Gewahrsein im Gewahrsein verweilen zu lassen, sich der Bewusstheit bewusst zu sein, nämlich ziemlich fortgeschritten. Ich habe das mal jemandem gezeigt, der ein Meditationszentrum leitete; er sagte, es sei für ihn nach vierzig Jahren des Lehrerdaseins die fortgeschrittenste Stufe der Praxis.

Tag 20 – Reflexion über die heutige Praxis

Auf Ihrem Entwicklungsweg mit dem Bewusstseinsrad stellen Sie vielleicht fest, dass Sie an einem Tag plötzlich ein neues Werkzeug in die Hand bekommen haben, das Sie dann mitnehmen und weiter nutzen können. Vielleicht ein Wort, das Ihnen einfiel und das Ihnen half, zur Nabe zurückzukehren, als Sie abgelenkt waren? Eine plötzliche Ahnung, wie ein Leben sein könnte, das von der weiträumigen Gelassenheit der Nabe inspiriert ist? Eine neue Art, freundlicher zu sich selbst und zu anderen zu sein, in der Erkenntnis, dass diese Reise des Lebens jede und jeder durchmachen muss? Eine Metapher für den Geist, die Sie besser begreifen lässt, wie Sie immer präsenter werden können in Ihrer Praxis und im Leben außerhalb der Praxis?

Solche Momente zu erkennen, kann Ihnen helfen, immer neue Wege zu finden, wie Sie in die Nabe offener Bewusstheit eintreten und Ihr Leben in größerer Fülle und Freiheit leben können.

Tag 20 – Ein neues Werkzeug: Das Bewusstseinsrad in Kurzform

Viele wünschen sich einen Weg, die vollständige Bewusstseinsrad-Praxis innerhalb kürzerer Sitzungen zu machen und dabei den Rhythmus und die Fülle der vollständigen Praxis zu erhalten. Ich habe deshalb eine Kurzfassung entworfen, die im Wesentlichen darin besteht, das vollständige Rad zügiger zu durchlaufen. Heute lade ich Sie also ein, diese Kurzfassung einmal auszuprobieren und zu schauen, ob sie für die kommenden Tage, Wochen und Jahre ein hilfreiches Werkzeug sein könnte.

Die Grundidee ist folgende: Mit jeder Bewegung der Aufmerksamkeits-Speiche bringen wir Fähigkeiten fokaler Aufmerksamkeit zum Einsatz, um auf die Speiche zu fokussieren, die Randelemente aufzunehmen und die Speiche dann, wenn wir die Aufmerksamkeit neu ausrichten, weiterzubewegen. Im ersten Segment werden die fünf Sinne – Hören, Sehen, Riechen, Schmecken und Tasten – jeweils im Takt eines Einatem-Ausatem-Zyklus aufgenommen. Die grundlegende Vorgehensweise ist hierbei, dass die Speiche zu Beginn des Einatems verschoben wird, dann mit dem Ein- und Ausatem die Punkte auf dem Rand eingesaugt werden und beim nächsten Einatem der Fokus wieder verlagert wird.

Für das zweite Randsegment kann als zusätzliches Element noch die Vorstellung hinzugefügt werden, dass die Empfindung des Atems aus dem Körperteil kommt, auf den Sie sich fokussieren; dann atmen Sie aus und senden den Atem in Richtung des nächsten Körperteils, auf den fokussiert wird; und während Sie sich auf diesen nächsten Körperteil fokussieren, atmen Sie wieder ein. Natürlich: Wenn ein Körperteil ein bisschen Extra-Atem braucht, ein bisschen Extra-Zeit und Aufmerksamkeit, nur zu! Nehmen Sie sich die Zeit, die Sie brauchen und die Sie haben.

Um mehr offenes Gewahr-Sein zu kultivieren, reichen, wie ich festgestellt habe, beim dritten Randsegment ein paar Atemzyklen ganz gut aus für die zwei Schritte dort, in denen mentale Aktivität erforscht wird. Was das Herausschieben oder Zurückziehen der Speiche angeht (für den Schritt Nabe-in-der-Nabe), so gebe ich mir dafür so viele Atemzüge, wie ich brauche. Manchmal verliere ich bei diesem Schritt den Atem völlig, deshalb ist es sinnvoll, einen Timer zu stellen, falls ich weitere Termine habe, damit ich zur nächsten Verabredung nicht zu spät komme. Meist stelle ich noch ein Zwischensignal auf drei Minuten vor dem Ende, damit ich den Durchlauf für das vierte Segment noch unterbringen kann, ohne mich am Ende allzu sehr beeilen zu müssen.

Auf dem vierten Segment ist es sehr natürlich, die Fokusverlagerung – von den uns am nächsten Stehenden hin zu allen Lebewesen – synchron mit jedem Atemzyklus stattfinden zu lassen. Wenn dann die Sätze der freundlichen Absicht an der Reihe sind, können Sie vielerlei Arten ausprobieren, jede Gruppe von Sätzen im Atemrhythmus unterzubringen. Sehr wohltuend finde ich, die Anfangs-Aussage mit dem Einatem und die Details mit dem Ausatem zu sprechen. Dann wiederhole ich die Grundaussage – zum Beispiel: »Mögen alle Lebewesen glücklich sein« – am Ende des Ausatems. Das könnte hier folgendermaßen aussehen:

> (Einatem): Mögen Ich-Wir glücklich sein
>
> (Ausatem): und mit Gelassenheit, Verbundenheit und Sinn leben
>
> (Einatem): und einem spielerischen, dankbaren und freudigen Herzen.
>
> (Ausatem): Mögen Ich-Wir glücklich sein.

Auf diese Weise können Sie mit dem Rhythmus der Aussagen spielen und so herausfinden, was am besten zu Ihnen und der jeweiligen Formulierung passt.

Tag 21 – Reflexion über die heutige Praxis

Sie sind nun am Ende Ihres Weges durch diese intensive Einführung in die Praxis des Bewusstseinsrades angelangt. Gehen Sie im Geiste zurück zum ersten Tag und der Übung der Grundform. Welche Einsichten bezüglich der Funktionsweise Ihres Geistes haben Sie seit jenem ersten Tag gewonnen? Woran könnten Sie sich in den kommenden Monaten bei der weiteren Vertiefung Ihrer Praxis orientieren?

Tag 21 – Übung:
Schreiben Sie eine eigene, geführte Bewusstseinsrad-Meditation

In den vergangenen Wochen haben Sie wahrscheinlich ein paar meiner »Anleitungen« abspeichern können. Sie haben wahrscheinlich auch einen eigenen inneren Kompass entwickelt, der Sie genauso gut leitet, wenn nicht besser. Ich möchte Sie einladen, in dem freien Raum unter diesen Zeilen Ihre eigene »Anleitung« zu notieren, Ihren ganz persönlichen Wegweiser, von dem Sie sich bei Ihrer persönlichen Praxis des Bewusstseinsrades leiten lassen. Dies ist Ihre Praxis, Ihre Zeit, die Sie mit Ihrem Geist verbringen, und es ist etwas Wunderbares, sich dies ganz zu eigen zu machen, auf jede mögliche Art und Weise. Vielleicht sind die »Segmente« auf dem Rand für Sie gar keine Segmente; vielleicht sind es Gegenden … mentale Landschaften. Vielleicht sehen Sie das Bild dreidimensional, mehr als eine Art Kugel, und dies ist die Sphäre Ihrer Bewusstheit. Beschreiben Sie Ihren Weg durch das Rad in Ihrer eigenen, inneren Sprache.

Das Rad des Lebens

Ich hoffe, dass Sie im Laufe der letzten drei Wochen eine persönliche Übungspraxis entdeckt haben, die Ihnen hilft, in jedem Moment Ihres Lebens bewusst zu sein, präsent und verbunden. Sie haben eine Methode gelernt, alles in Ihr Leben zu integrieren, eine Praxis, die ein Leben lang der Gesundheit dienen kann. Denken Sie daran:

Nehmen Sie sich Zeit,
Fühlen Sie Ihr Leben,
Atmen Sie in das Rad.

Weitere Bücher von Daniel Siegel

Daniel Siegel, *Gewahr sein. Was es heißt, präsent zu sein. Die Grundlagen einer wissenschaftlich fundierten Meditationspraxis,* Arbor: 2020

Siegel, Daniel: *mind. Eine Reise ins Herz des Menschseins.* Arbor: 2017

Siegel, Daniel: *Handbuch der Interpersonellen Neurobiologie. Ein umfassender Leitfaden zum Verständnis der Funktion von Gehirn und Geist.* Arbor: 2015

Siegel, Daniel: *Das Achtsame Gehirn,* Freiburg: 2007

Siegel, Daniel/Bryson, Tina Payne: *Achtsame Kommunikation mit Kindern. Zwölf revolutionäre Strategien aus der Hirnforschung für die gesundes Entwicklung Ihres Kindes.* Arbor: 2013

Siegel, Daniel/Bryson, Tina Payne: *Arbeitsbuch – Achtsame Kommunikation mit Kindern. Praktische Übungen, Arbeitsblätter und Aktivitäten, die Ihren Kindern eine harmonische Entfaltung ermöglichen,* Freiburg: 2016

Siegel, Daniel/Bryson, Tina Payne: *Diziplin ohne Drama. Achtsame Kommunikation mit Kindern,* Freiburg 2016

Siegel, Daniel/Bryson, Tina Payne: *Wie Kinder aufblühen. Unterstützen Sie Ihr Kind darin, resilienter, eigenständiger und kreativer zu werden,* Freiburg: 2018

Auf der Website von Dr. Daniel Siegel finden Sie zahlreiche weitere Ressourcen. Dort können Sie auch eine englischsprachige Anleitung der Übung mit dem Bewusstseinsrad anhören:
www.drdansiegel.com/resources

Unter diesem Link www.arbor-online-center.de/begleitmaterial finden Sie eine gesprochene deutsche Anleitung der Übung mit dem Bewusstseinsrad, sowohl die einfache als auch die vollständige Übung, jeweils gesprochen von Lienhard Valentin. Geben Sie dafür diesen Code ein: ds22bw.

Über den Autor

Daniel Siegel studierte an der Harvard Medical School und spezialisierte sich an der UCLA (University of California, Los Angeles) in Pädiatrie und Kinder-, Jugend,- und Erwachsenenpsychiatrie. Heute ist er Klinischer Professor für Psychiatrie und Leiter des Mindful Awareness Research Center an der UCLA sowie Gründer und Geschäftsführer des Mindsight Institutes, das sich der Förderung von Einsicht, Mitgefühl und Empathie bei Einzelnen, Familien und Institutionen widmet.

Er ist Autor zahlreicher Bücher, darunter: *Gemeinsam leben, gemeinsam wachsen: Wie wir uns selbst besser verstehen und unsere Kinder einfühlsam ins Leben begleiten können; Das achtsame Gehirn; Mindsight – die neue Wissenschaft der persönlichen Transformation; Wie wir werden, was wir sind; Achtsame Kommunikation mit Kindern; Handbuch der Interpersonellen Neurobiologie.*

Daniel Siegel lebt mit seiner Familie in Los Angeles.

Weitere Informationen zu seiner Person, seinen Veranstaltungen, Büchern und Seminaren finden Sie unter:
www.drdansiegel.com
www.MindsightInstitute.com

Arbor Verlagsprogramm

Umfangreiche Informationen zu unseren Themen, ausführliche Leseproben aller unserer Bücher, einen versandkostenfreien Bestellservice und unseren kostenlosen Newsletter. All das und mehr finden Sie auf unserer Website.

www.arbor-verlag.de

Mehr von Daniel Siegel

www.arbor-verlag.de/daniel-siegel

Arbor Seminare

Die gemeinnützige *Arbor-Seminare gGmbH* organisiert regelmäßig Seminare und Weiterbildungen mit führenden Vertreter:innen achtsamkeitsbasierter Verfahren. Zudem informiert sie über aktuelle Entwicklungen in diesem Bereich und trägt Achtsamkeit auf diese Weise nachhaltig in die Gesellschaft. Nähere Informationen finden Sie unter:

www.arbor-seminare.de

Arbor Online-Center

Mit dieser Plattform hat Arbor einen virtuellen Ort der Inspiration und des Lernens rund um das Thema Achtsamkeit geschaffen. Lernen Sie die Autor:innen unserer Bücher und die Referent:innen unserer Veranstaltungen kennen: in Interviews, Vorträgen, Meditationsübungen, Webinaren, Podcasts sowie Online-Kursen und zahlreichen weiteren Ressourcen.

www.arbor-online-center.de